FILLES CORSAIRES

CAMILLE TOFFOLI

FILLES CORSAIRES

ÉCRITS SUR L'AMOUR, LES LUTTES SOCIALES ET LE KARAOKÉ

postface de
Marie-Andrée Bergeron

en coédition avec
la revue *Liberté*

Dessin en couverture : Catherine Ocelot
Couverture : Remue-ménage
Infographie : Folio infographie

Catalogage avant publication de Bibliothèque et Archives nationales du Québec et Bibliothèque et Archives Canada

Titre : Filles corsaires : écrits sur l'amour, les luttes sociales et le karaoké / Camille Toffoli.
Noms : Toffoli, Camille, autrice.
Description : Comprend des références bibliographiques.
Identifiants : Canadiana 20210058854 | ISBN 9782890917590
Vedettes-matière : RVM : Féminisme. | RVM : Femmes—Conditions sociales. | RVM : Classes sociales.
Classification : LCC HQ1150.T64 2021 | CDD 305.42—dc23
ISBN (pdf) : 978-2-89091-760-6
ISBN (epub) : 978-2-89091-761-3

Réimpression, 2023

© Camille Toffoli et les Éditions du remue-ménage
Dépôt légal : troisième trimestre 2021
Bibliothèque et Archives nationales du Québec
Bibliothèque et Archives Canada

Les Éditions du remue-ménage
info@editions-rm.ca
www.editions-rm.ca

DIFFUSION ET DISTRIBUTION
Au Canada : Diffusion Dimedia
En Europe : Hobo Diffusion

Les Éditions du remue-ménage bénéficient du soutien de la Société de développement des entreprises culturelles du Québec (SODEC) et du Conseil des arts de Montréal pour leur programme d'édition. Nous remercions le Conseil des arts du Canada de l'aide accordée à notre programme de publication. Nous reconnaissons l'appui financier du gouvernement du Canada pour nos activités d'édition.

Aux libraires de l'Euguélionne

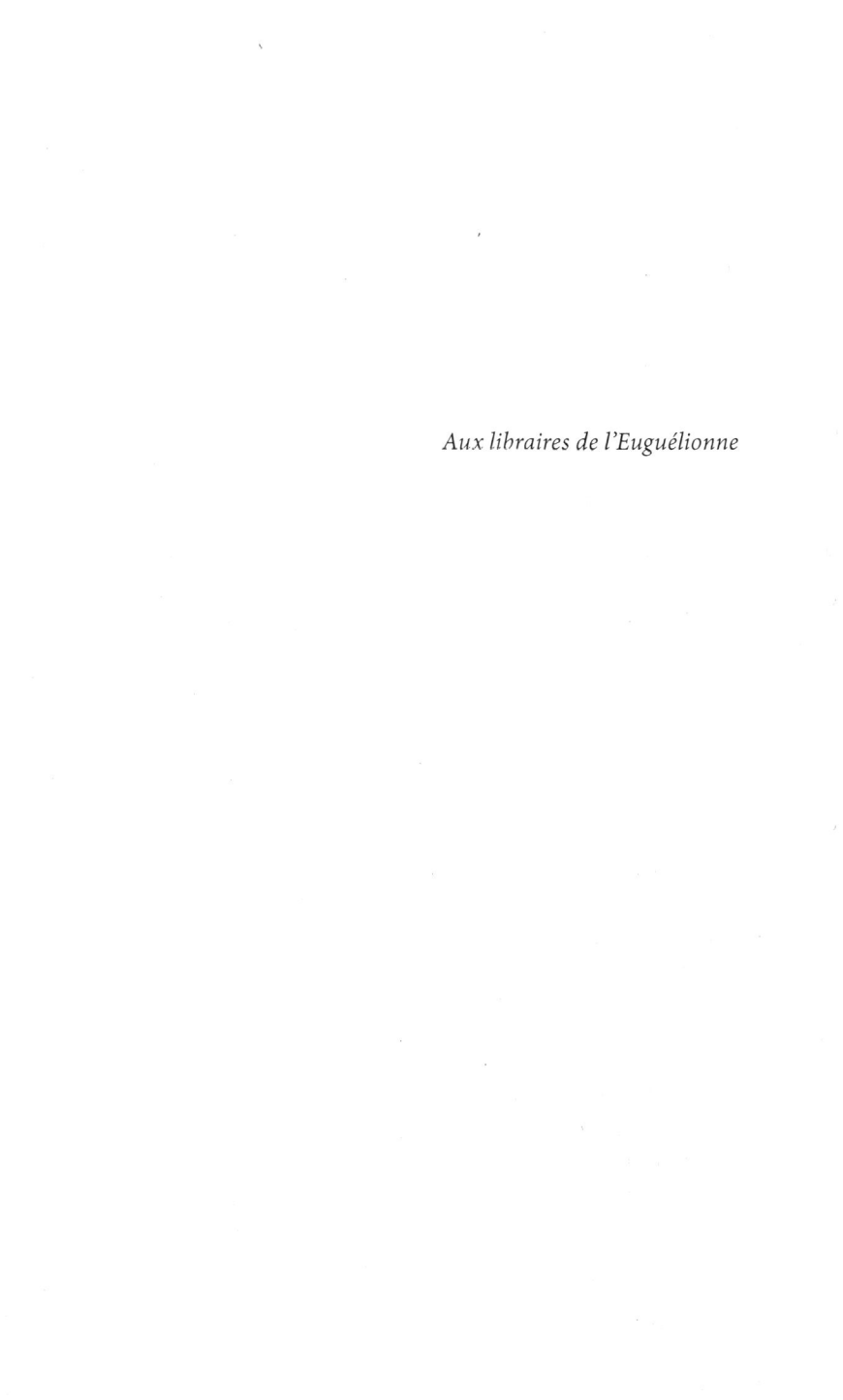

AVANT-PROPOS

ÉCRIRE APRÈS LES HEURES OUVRABLES

Les textes qui composent ce recueil ont été écrits dans leur version originale sur une période d'environ cinq ans. La majorité d'entre eux ont d'abord été publiés dans le cadre de la chronique « Filles corsaires », que j'ai tenue pendant trois ans dans la revue *Liberté*. L'engagement à respecter les délais d'un calendrier de publication trimestriel a été déterminant dans l'écriture. J'ai dû accepter de laisser exister dans l'espace public des réflexions encore en construction, qui me semblaient pleines de trous. Cet exercice m'a rappelé combien la pensée n'est pas une entité finie, qu'elle se bâtit dans le dialogue, au fil des débats, et qu'elle est constamment façonnée par nos expériences. Les courts essais rassemblés ici portent la trace d'événements marquants dans ma vie personnelle, d'une actualité à laquelle j'ai assisté et parfois pris part comme militante. En acceptant de rassembler et de retravailler mes contributions à différents périodiques (auxquelles s'ajoutent deux inédits) pour l'édition de cet ouvrage, je n'ai pas cherché à énoncer des thèses implacables, mais bien à consigner des impressions, des prises de conscience survenues au cours des lectures et des rencontres.

Sur le plan personnel, la période au cours de laquelle j'ai produit ces textes a été marquée par deux grandes ruptures, qui ont informé ma manière d'écrire et mon rapport au féminisme. Il y a quelques années, je me suis séparée d'un homme avec qui j'avais passé l'essentiel de ma vie adulte, une personne avec qui je m'étais imaginée vieillir et avoir des enfants. Le matin où j'ai quitté notre appartement commun pour aller m'installer chez des ami·es, le temps de trouver un nouvel endroit où habiter, j'ai sorti le vélo que j'utilisais pour les voyages de cyclotourisme et j'ai chargé le porte-bagage de gros sacs remplis de livres et de vêtements. Mon départ paraissait théâtral, et mon ex a dû se dire que je déployais tous ces moyens parce que j'étais trop *cheap* pour me payer un taxi. Je ne sais plus trop quelles préoccupations avaient déterminé mon organisation logistique ce jour-là, mais aujourd'hui, je réalise que cette scène – moi partant comme pour une longue expédition – était à l'image du cheminement intellectuel et affectif que j'entamais alors, un parcours à travers lequel ma conception de l'amour et de l'hétérosexualité serait transformée.

Peu après cette séparation, j'ai décidé d'interrompre les études doctorales que j'avais entreprises. Quitter l'université m'a été salutaire du côté de l'écriture. J'y ai trouvé une liberté intellectuelle que je n'avais pas éprouvée depuis longtemps, autant dans les idées elles-mêmes que dans leurs possibilités d'expression. Ce pas de recul m'a surtout permis d'affirmer des postures que je ne me serais pas autorisée à défendre auparavant sans risquer d'être critiquée pour manque de rigueur ou d'érudition. Alors que j'étais aux cycles supérieurs, je lisais des communications surchargées de citations longues avec la gorge nouée, et j'espérais que personne ne lève la main pendant la période de questions, sinon pour formuler un long commentaire qui n'appellerait aucune réponse. Je me souviens d'être souvent ressortie complexée et déprimée de mon séminaire de méthodologie en études féministes où j'écoutais d'autres doctorantes exposer, présentations PowerPoint à l'appui, le détail de leur cadre théorique. Les codes sociaux, les hiérarchies implicites, les interactions rarement spontanées de ces espaces d'échange y créaient un climat anxiogène, qui limitait la parole.

Dans *Apprendre à transgresser. L'éducation comme pratique de la liberté*[1], bell hooks aborde le rapport conflictuel qu'elle entretient, des années après sa titularisation, au savoir universitaire. La théorie féministe, telle qu'elle est enseignée à l'université, « démoralise, littéralement » beaucoup d'étudiantes, déplore-t-elle, « comme si elles s'étaient tenues dans un salon ou une chambre, quelque part, avec quelqu'un·e les ayant séduites ou sur le point de le faire, mais qui en même temps leur impose un processus humiliant, les dépouille de leur estime d'elles-mêmes ». Elle associe cette dévalorisation à une culture élitiste, mais aussi à une tendance dominante, dans les milieux académiques, à séparer la vie de la pensée, à considérer les idées comme des données purement discursives et à privilégier celles-ci au profit des réalités sensibles. C'est cette tendance qu'elle souhaite défaire dans ses travaux : « Pour moi, [la théorie féministe] émerge du concret, de mes efforts à donner sens aux expériences du quotidien, de mes efforts à intervenir de façon critique dans ma vie et celle des autres. Cela est à mes yeux ce qui rend une transformation féministe possible. Le témoignage personnel, l'expérience personnelle, sont un terreau tellement fertile pour la production d'une théorie féministe libératrice, parce qu'iels forment la base de notre production de théorie. »

C'est dans ce sillage que j'ai envie de m'inscrire lorsque j'écris. J'essaie d'envisager des formes d'écriture qui soient intimes et politiques à la fois. Parler de soi et du monde, parler à la hauteur de ses expériences propres sans instrumentaliser le collectif, m'apparaît parfois difficile à négocier. Je cherche à développer une pensée féministe qui non seulement reflète les vécus des femmes, mais inclut une diversité de points de vue dans la discussion, surtout les plus précaires. À mon sens, une réflexion démocratique se positionne dans la nuance, n'a pas peur d'adopter des postures inconfortables et de débusquer ses propres angles morts.

La question des classes sociales en est une qui continue à être occultée, dans les débats publics comme dans la recherche académique.

---

[1]. Les passages cités sont tirés de la traduction aux éditions Syllepse.

Cette question n'est pas abordée ici frontalement, mais j'essaie de mettre en doute mes privilèges, ceux de mes proches et des milieux où j'évolue. Cet effort de déconstruction informe mes choix de sujets, mais aussi ma manière d'appréhender ceux-ci. Je ne me positionne pas foncièrement *contre* le féminisme universitaire, mais je réalise que les figures qui m'interpellent sont rarement considérées par ce féminisme. J'ai écrit sur les p'tites madames, les serveuses de *diner*, les championnes de rodéo, les lesbiennes radicales et les vieux gais qui traînent dans les karaokés. Je me suis intéressée à ces personnes, que je croise dans mon quotidien montréalais ou à travers mes périples, avec autant d'empathie que possible et avec la conviction qu'elles ont des choses à m'apprendre sur le féminisme.

Plusieurs des textes qui suivent ont été écrits à des heures tardives, après mes quarts de travail et les réunions pour ma coopérative d'habitation, à une heure où les notifications sur mon téléphone s'apaisent. Une de mes amies m'a déjà expliqué que la nuit était le seul temps qui lui appartenait vraiment, le seul qui ne soit pas volé par le travail ou parasité par les obligations domestiques. Quand la maisonnée dort, elle peut écrire sans être hantée par la culpabilité de faillir à une autre tâche. J'expérimente moi aussi un sentiment de liberté dans ces moments hors du temps, où j'ai l'impression de me dérober à rien d'autre que mon sommeil. J'ai vécu de précieux instants d'euphorie en terminant un premier jet au petit matin, même si la librairie où je travaille ouvrait dans quelques heures, et que je peinerais à me tirer du lit.

J'ai cofondé la librairie L'Euguélionne en 2016, avec cinq autres personnes qui, comme moi, avaient des compétences limitées en gestion comptable et en menuiserie, mais compensaient ces lacunes par un grand sens de la solidarité, une foi inattaquable envers l'avenir et une infinie patience pour les longues réunions d'autogestion. J'aime me remémorer les journées passées à brainstormer en vue de la rédaction du plan d'affaires pour des organismes subventionnaires, à retaper des bibliothèques usagées et à poser des tablettes. Je ne réalisais pas, à ce moment-là, que des projets aussi pragmatiques pouvaient, tout autant que le travail dit intellectuel, participer à la construction d'une pensée critique.

Dans son essai *The Feminist Bookstore Movement*, paru quelques mois avant l'ouverture de L'Euguélionne, la chercheure Kristen Hogan retrace l'histoire de dizaines de librairies féministes qui ont vu le jour aux États-Unis et au Canada entre les années 1970 et les années 1990. « Les libraires féministes ont d'abord et avant tout démontré que la création de savoirs advient toujours dans la relation[2] », constate-t-elle. Elle entend ici par *relation* les dialogues entre les femmes de différents milieux socioculturels, orientations et identités sexuées qui se côtoient dans ces espaces. Hogan montre comment ces lieux, qui ne sont pas façonnés par les hiérarchies, la compétition ou la recherche de capital symbolique, sont devenus les points de rencontre de plusieurs communautés, et ont de ce fait permis le déploiement de réflexions originales sur les inégalités.

Je suis souvent impressionnée par l'intelligence des interventions publiques auxquelles j'assiste dans le cadre de mes fonctions de libraire. Et il y a peu de lectures qui m'inspirent autant, en matière de féminisme, que les discussions quotidiennes avec mes collègues, celles que nous entretenons en passant le balai ou en préparant le café, celles qui sont ponctuellement interrompues par l'arrivée de client·es mais se poursuivent après les *shifts*, sur des coins de rue et des quais de métro. J'ai fini par réaliser que dans le climat de confiance que nous sommes parvenues à instaurer, entre nos histoires de *dates* ratées et les comptes rendus de nos derniers coups de cœur littéraires, beaucoup d'idées pouvaient émerger, se confirmer et s'ébranler.

Ces discussions continuent à m'habiter lorsque je m'installe devant la page, et j'essaie toujours de transporter dans mes textes ce mélange de liberté et de sollicitude que mes collègues et moi valorisons dans la librairie. J'écris après les heures ouvrables, en essayant d'oublier les listes de tâches et les courriels non lus, mais mon quotidien au travail est partie intégrante de ma vision du monde. Comme bien des autrices, il m'arrive de rêver à une loterie miracle qui me permettrait de me consacrer à l'écriture sans me soucier de gagner ma vie. Il y a peu – voire pas du tout – d'avantages monétaires au métier de libraire, mais j'ai gagné énormément sur le plan intellectuel en le pratiquant dans un contexte féministe et horizontal, à un point tel que j'imagine difficilement comment plusieurs des textes réunis ici auraient pu

---

2. Sauf mention contraire, toutes les traductions sont de l'autrice.

exister si je m'étais consacrée à d'autres projets. À L'Euguélionne, j'ai expérimenté le potentiel communautaire de la littérature. Au fil de mes interactions avec la diversité de personnes qui fréquentent la librairie, j'ai compris que les textes n'ont pas qu'une portée symbolique, qu'ils influencent concrètement la vie des gens, et j'ai appris à considérer la publication comme une forme d'engagement politique.

Dans le cadre de mes chroniques, j'ai interviewé des militantes de différents âges et horizons. Elles m'ont confié des épisodes parfois très intimes de leur vie. Elles ont accepté – sans autre rémunération que ma gratitude infinie – de témoigner de leurs expériences et de réfléchir avec moi à ce que celles-ci révèlent sur l'état du monde. J'ai aussi convoqué des ami·es et des collègues dans des cafés pour leur faire part des préoccupations qui m'habitaient au moment de l'écriture, pour leur demander leur avis sur tel concept, pour sonder leur vécu personnel autour de telle réalité. Ces échanges sont difficiles à consigner dans une bibliographie, pourtant ils ont été le point de départ, plus que n'importe quelle source documentaire, de nombreuses idées qui composent ce livre. J'ai essayé d'écrire des textes qui soient à la hauteur du temps et de la confiance qui m'ont été accordés. J'ai voulu rendre compte de ces liens solidaires qui devraient toujours constituer, il me semble, le fondement d'une pensée féministe.

BIEN
EN SELLE

Je préparais mes bagages pour un voyage d'une vingtaine de jours en vélo-camping lorsque j'ai entendu à la radio la nouvelle de la mort d'une cycliste frappée par un camion dans le quartier Rosemont. Comme je m'apprêtais à partager la route avec des autos pendant plusieurs centaines de kilomètres, il était inévitable que je me sente interpellée par cette annonce, et que j'aie la gorge nouée, un instant, en pensant « ça aurait pu être moi ». Mais la tristesse et l'indignation que j'ai ressenties à ce moment-là me viennent aussi de l'intime conviction que se déplacer à deux roues est une forme de revendication. Les conducteurs de poids lourds ne font pas de sélection genrée lorsqu'ils happent des cyclistes, mais des études démontrent que les femmes se font davantage frapper à vélo : elles ont moins tendance à s'imposer dans la circulation, à prendre des libertés par rapport au code de la route, et restent ainsi souvent dans l'angle mort. Au final, les dynamiques sociales qui prévalent dans le reste du monde sont les mêmes sur la route, et celles qui sont conditionnées à se faire discrètes et courtoises le paient de leur vie. Dans ce contexte, faire du vélo au quotidien prend, pour une femme ou toute personne issue d'un groupe marginalisé, un sens particulier. Entrent évidemment en ligne de compte les histoires de socialisation : dès l'enfance, les filles, c'est connu, sont moins incitées à développer leurs aptitudes sportives que leurs homologues masculins. Mais au-delà des questions d'éducation, la mise en danger que représente le choix de la bicyclette comme moyen de transport sous-tend une posture doublement subversive lorsqu'elle concerne des gens invisibilisés (je pense ici aux femmes, mais aussi aux personnes racisées, queers, en situation de handicap), dont le quotidien est déjà plus précaire.

C'est cette vision que défendent plusieurs communautés de militantes aux quatre coins du globe qui se revendiquent du cycloféminisme. Celles-ci dénoncent le sexisme dans les milieux cyclistes et prônent le vélo comme moyen d'agentivation pour les femmes. Davantage un ensemble de pratiques qu'un courant de pensée, le cycloféminisme ne se retrouve pas dans les corpus universitaires mais existe à travers une diversité d'activités et de publications alternatives : ateliers de réparation non mixtes, production de zines collectifs, cours d'initiation gratuits pour les femmes immigrantes, promenades de groupe nocturnes organisées dans le but de se réapproprier l'espace public et de dénoncer le harcèlement de rue. En m'intéressant au vélo dans une perspective féministe, j'ai découvert une foule d'initiatives qui agissent directement sur des facettes du quotidien dont on tend à minimiser l'importance.

Depuis longtemps et sur plusieurs fronts, les femmes luttent pour s'assurer une place plus équitable au sein de leur famille et de leurs milieux de travail. Les militantes cycloféministes, elles, tentent de réinvestir ces intermèdes que sont les déplacements pour se rendre au boulot, pour faire des courses, pour rentrer chez soi à la fin d'une soirée. Dans mes échanges avec d'autres cyclistes et à travers beaucoup de témoignages dans les publications cycloféministes, l'idée d'une liberté – du moins d'un *sentiment* de liberté – procurée par le vélo est plus que récurrente. Apprivoiser la peur de la vitesse en dévalant des pentes, louvoyer entre les voitures, respirer de l'air frais plutôt que l'air vicié du métro, emprunter sans crainte des rues mal éclairées au milieu de la nuit, faire des détours de quelques kilomètres sur un coup de tête, juste pour le plaisir… Il n'y a rien qui paraisse explicitement politique dans cette liste de « bienfaits », mais ils ne sont pas négligeables. Ils me semblent au contraire le signe d'une amélioration tangible des conditions de vie et témoignent d'une déconstruction, ne serait-ce que partielle, des places qui nous sont autrement assignées. Alors que la majorité du temps on se retrouve prise dans une série d'obligations et de conditionnements, à bicyclette on n'existe momentanément que pour soi. On gagne cette indépendance au prix d'une certaine vulnérabilité, mais celle-ci est, pour une fois, choisie plutôt qu'imposée.

Pour les cycloféministes, le vélo n'est pas un sport, du moins, ce n'en est pas *nécessairement* un. Si elles font l'apologie des différents avantages du déplacement à bicyclette, l'amélioration du cardio et l'accroissement de la masse musculaire ne font pas partie de la liste. Les femmes n'ont pas besoin de manuels de mise en forme supplémentaires, pas besoin de discours culpabilisants sur l'importance de l'activité physique et de toute manière, le militantisme cycliste n'a rien à voir avec la performance. Il n'est pas question de défi à relever ni de « dépassement de soi », car même si le cyclisme implique pour plusieurs de repousser leurs limites personnelles, c'est surtout à travers la réitération, jour après jour, du même choix de locomotion que se dessine une résistance. L'autonomie que rend possible le vélo ne profite pas qu'à soi ; elle prend une dimension collective. Par la répétition quotidienne des mêmes trajets sur deux roues, en imposant ponctuellement notre présence sur la route, nous traçons des sillons que d'autres – qui parfois s'engageraient moins spontanément sur la chaussée – pourront par la suite plus aisément emprunter.

Dans son essai *One Less Car*, Zack Furness évoque bien cette tension entre l'individuel et le collectif : « le cyclisme dispose aisément à percevoir "le privé" et "le politique" comme une dialectique dont le point de départ est le corps même ». En lisant le deuxième volume du zine *Londonderry*, produit par le collectif montréalais Les Dérailleuses, cette idée d'une reconfiguration, d'un ébranlement des normes qui s'effectuerait à travers les pratiques cyclistes m'est apparue significative. On trouve un peu de tout dans ce recueil de textes autour du thème du cyclotourisme : des récits de voyage, des réflexions personnelles, des rubriques techniques ou historiques, des listes de trucs pour prévenir les vaginites pendant les excursions de plusieurs jours, des conseils pour ajuster sa selle afin d'éviter les douleurs, et des illustrations faites par Ravy Puth, l'une des instigatrices du projet, qui intègrent des personnages en forme de Diva Cup. Certaines contributions font sourire, quelques-unes sont carrément touchantes, mais l'intérêt majeur du zine relève du portrait d'ensemble que créent ces prises de parole. S'en dégage, entre autres, un rapport complètement décomplexé au corps, qui est abordé de façon purement pragmatique. Ici, le corps n'est plus un objet de désir ou un outil de séduction; il devient une surprenante machine qui parvient, grâce au pouvoir de la détermination, à vaincre les dénivelés et les kilomètres pour nous mener là où nous avons choisi de nous rendre. On se soucie peu de son apparence, de son effet sur les autres, mais on veille assidûment à sa santé : on soigne les membres endoloris et les crampes menstruelles, on s'offre des journées de repos pour récupérer, on choisit des postures et des vêtements confortables.

Ces histoires de voyage à vélo n'ont rien de trop ascétique non plus. Plusieurs autrices évoquent le plaisir des bières en canette tièdes à la fin de la journée ou les moments de complicité entre amies. Je me suis rendu compte, après avoir parcouru le zine, que c'était la première fois depuis longtemps que je lisais des textes féministes qui s'intéressent autant au corps sans en aborder la dimension sexuée. J'ai pu renouveler cette impression en découvrant d'autres publications aux thématiques similaires, par exemple la série *Taking the Lane*, produite par un collectif de l'Oregon, ou encore le roman graphique *You & a Bike & a Road* d'Eleanor Davis, dans lequel la bédéiste raconte les deux mois passés seule avec sa tente et son vélo entre Tucson, Arizona et Athens, Georgie. Dans cette autofiction en noir et blanc truffée d'anecdotes de voyage cocasses, Davis se représente par des portraits minimalistes, des silhouettes approximatives, presque anonymes, qui ne laissent deviner aucune courbe ou expression corporelle. Elle met en mots et en images la sensation du vent qui propulse son « corps souverain » à travers les plaines désertiques du Texas, l'enthousiasme avec lequel elle enfourche sa bicyclette jour après jour malgré ses genoux qui la font souffrir, le bonheur de se retrouver seule, chaque soir, dans sa tente minuscule. Elle n'évoque le désagrément de ses semaines d'abstinence sexuelle qu'en commentant, avec une mélancolie teintée d'humour, son régime alimentaire à base de boudins et de cornichons : « Aujourd'hui, je ne mange que des choses qui ressemblent à des pénis. » Il faut reconnaître dans de telles représentations, où les corps trouvent leur valeur en dehors de la dialectique du désir et du plaisir, une certaine forme d'émancipation.

« Au fond, la circulation routière, c'est comme une métaphore du patriarcat. Il y en a – les automobilistes – qui dominent l'espace et à qui on accorde d'emblée un droit de passage, et puis d'autres – les cyclistes – qui doivent lutter, et parfois prendre des risques, pour arriver à prendre leur place et faire valoir leur légitimité. » Gabrielle Anctil, une des membres des Dérailleuses, a établi ce parallèle éloquent, lorsque je l'ai rencontrée afin qu'elle me parle de son engagement comme cycloféministe, pour décrire les dynamiques de pouvoir qui régissent le trafic et contre lesquelles elle lutte activement depuis plusieurs années. Évidemment, les liens entre le cyclisme et le féminisme dépassent les simples analogies, mais ce qui importe, c'est de considérer les rapports de force qui configurent la route comme participant plus largement des nombreuses inégalités – le sexisme, le racisme, le capacitisme, l'homophobie – qui structurent nos vies. C'est à travers une telle prise de conscience, et des pratiques de mobilité/mobilisation comme celles que développent les cycloféministes, que des manières plus libres d'habiter les corps et les villes peuvent émerger.

UNE IMPRESSION DE DÉJÀ-VU

J'ai participé à ma dernière grève étudiante, au printemps 2015, avec un sentiment étrange, un mélange improbable de nostalgie et de fébrilité. Une impression difficile à décrire qui m'empêchait de prendre part au mouvement avec un enthousiasme sans borne, mais qui, en même temps, m'interdisait de m'en désintéresser. Membre d'une des quelques associations étudiantes en grève générale contre l'austérité, j'ai ralenti l'écriture de mon mémoire de maîtrise pour me joindre au mouvement de lutte qui cherchait tant bien que mal à prendre de l'ampleur. Pendant ces quelques semaines, j'ai été tantôt emballée par les «fuck toute», tantôt en colère face à la répression politique qui se faisait chaque jour plus brutale, tantôt émue par des démonstrations de solidarité. Ponctuellement, j'ai éprouvé ces émotions intenses et parfois contradictoires qui, pour celles et ceux qui luttent, caractérisent les périodes de contestation politique. Mais avec toujours, en arrière-fond, le sentiment que quelque chose faisait défaut, manquait à l'appel. Un inconfort qui concerne la place précaire des femmes au sein des mobilisations de masse.

Il y a sans doute une part de ce sentiment qui tient de l'impression de déjà-vu. Dans la rue, j'ai réentendu ces mots que l'on retrouve pratiquement chaque fois qu'on sort manifester. Des slogans qui parlent de «pavés» ou de «recul social». Des phrases comme «Seule la lutte paie!» ou «Étudiants, travailleurs, même combat!» peintes en grosses lettres rouges sur une bannière noire. Plusieurs fois, j'ai pu apercevoir, entre les pancartes faites main en carton fluo et les logos des contingents syndicaux, les traditionnels drapeaux noir et rouge, parfois – heureusement – noir et mauve, couleurs emblématiques des anarchaféministes. De l'extérieur, on peut trouver abusive cette tendance des militant·es anticapitalistes à récupérer les symboles des grands mouvements politiques du siècle dernier; rébarbative cette propension à réinvestir les mêmes esthétiques, les mêmes rhétoriques vieillottes. Pourtant, à force de fréquenter les manif-actions, j'ai fini par y voir du réconfort. Dans la rue, j'ai souvent ressenti une émotion semblable à celle que j'éprouve en mangeant la tarte au citron de ma grand-mère: la satisfaction que procurent ces choses dont le goût ne change pas, dont la pertinence résiste au temps et dont la valeur est indifférente aux nouvelles modes.

Il y a une dimension fondamentalement *impersonnelle* à cette culture de la répétition, car elle donne l'impression d'une histoire cyclique et collective – des oppressions systémiques éternellement perpétuées auxquelles nous devons résister, encore et toujours. En foulant les rues avec nos foulards style keffieh et nos slogans en espagnol, nous nous imaginons devenir *les damnés de la terre*. Ces récurrences ont quelque chose de galvanisant, car elles travaillent à construire cette idée d'un combat qui nous dépasse, mais auquel nous contribuerions personnellement.

Parce qu'il travaille à élargir la portée de nos luttes spécifiques, cet *impersonnel* est certainement une force des mouvements de lutte, mais il devient inquiétant – et c'est ici que réside une part de mon inconfort – lorsqu'on constate que ces gestes et ces paroles sans cesse réitérés dissimulent des histoires elles aussi toujours répétées; des histoires d'estime de soi brisée, de violences banalisées qui sont quant à elles bien *personnelles*. Chacune de mes discussions avec d'autres militantes me le confirme: à l'envers de ce que nous désignons comme des «gains politiques» – des avancées chiffrables qui feront, éventuellement, l'objet d'articles et de livres – se cachent inévitablement des blessures intimes qui, elles, ne passent jamais à l'Histoire. J'ai souvent été effrayée de constater les similarités qui lient nos expériences individuelles à un point tel qu'elles en deviennent presque ordinaires.

Ce printemps-là, alors que je manifestais contre les mesures d'austérité avec des milliers d'autres personnes, j'ai aperçu derrière moi un contingent de cégepien·nes qui suivaient une bannière de tête tenue par trois jeunes filles. Elles devaient avoir dix-sept ou dix-huit ans; elles n'étaient pas tellement plus jeunes que moi. J'étais accompagnée d'un groupe d'amies – à peu près toutes des militantes féministes – et nous nous sommes mises à entonner un de nos nouveaux slogans favoris: «Noune, noune, noune! Nous ne cèderons pas!» Les trois filles ont éclaté de rire, puis se sont mises à crier en chœur avec nous. Leur enthousiasme m'a fait sourire, et en les observant du coin de l'œil, je me suis revue quelques années plus tôt. Elles m'ont rappelé mes amies, celles qui marchaient avec moi ce jour-là, mais aussi, surtout, celles qui ne manifestent plus. Celles qui en ont eu assez du sexisme ordinaire dans les milieux militants, et qui ont décidé de mener leur combat ailleurs, délaissant la rue pour prendre soin de leur famille, pour écrire, pour se consacrer à des projets féministes.

En regardant ces trois filles marcher d'un pas décidé, je ne pouvais m'empêcher de penser que dans les prochains mois, les prochaines années, il y aurait probablement plusieurs autres militants qui leur couperaient la parole au cours de réunions, des hommes qui les trouveront charmantes avec leurs Doc Martens et leurs jeans troués, mais qui les regarderont de travers lorsqu'elles crieront un peu trop fort. J'espèrais qu'elles n'auraient pas à subir les gestes déplacés à la fin des soirées bien arrosées, ni les «proféministes» qui s'invitent dans leur lit parce que le dernier bus est passé. Je souhaitais que rien de cela n'arrive, mais nos histoires, à nous, et à tellement d'autres avant nous, pourraient aussi être les leurs. J'aurais aimé pouvoir tout leur raconter, les avertir, mais je n'ai rien dit, car moi-même, je déteste les explications qui commencent par «fais attention…» ou pire: «tu verras…». Je me suis tue, car il n'y a rien de plus démobilisant que ces récits d'agressions.

Ces histoires, on les raconte peu. On les cache comme des cicatrices honteuses, car elles constituent les traces gênantes des oppressions qui échappent à nos mouvements de lutte. On les confie lors de discussions entre amies, ou on en fait des statuts Facebook, comme ce fut le cas dans les vagues de dénonciation des dernières années. Il arrive qu'on les dénonce à coups de slogans, mais nos blessures intimes y deviennent à leur tour *impersonnelles*, aseptisées par des rimes et des formulations convenues.

En marchant ce printemps-là, j'ai été habitée par les réflexions de Pattie O'Green dans *Mettre la hache. Slam western sur l'inceste*. À mi-chemin entre l'autofiction, l'essai et le manifeste, ce texte, qui se présente comme une dénonciation virulente de l'inceste en tant que tabou social, n'appelle pas aux soulèvements de masse; il ne réclame aucune autre forme de solidarité que d'écouter réellement les voix des « convalescentes ». S'il aborde le cas spécifique de l'inceste, cet ouvrage donne à penser plus généralement la façon dont nous travaillons à occulter collectivement les réalités des survivantes. En valeureuse cowgirl solitaire, l'autrice déclare la guerre à la culture du viol, non pas une guerre qui serait faite de combats stratégiques, mais une révolte polyphonique où chacune se défend avec ses propres mots, sa propre colère. Une guerre où chacune doit lutter pour se réapproprier un corps dont elle a été dépossédée. Pattie O'Green ne propose pas de solutions toutes faites. Sa voix n'apparaît pas comme une « vision éclairante », mais elle trouble par sa vulnérabilité. Elle est écrite sous pseudonyme, mais n'a rien d'anonyme, car elle se donne à lire comme une parole singulière[1]. Les mots en majuscules et les phrases en caractère gras qui parsèment le texte laissent transparaître la frustration, le ras-le-bol, la détresse, toutes ces émotions qu'on juge bien *laides*, et qu'on évoque rarement lorsqu'on dénonce « les oppressions ».

Dans l'un des premiers chapitres, Pattie O'Green écrit que « c'est en prenant les choses de manière personnelle qu'on peut les changer ». Cette phrase m'accompagne alors que je prends la rue, et je me dis

---

1. L'autrice établit d'ailleurs elle-même la distinction entre les principes d'anonymat et de « pseudonymat » : « Il ne faut pas se méprendre, le pseudonymat n'est pas un anonymat! On cherche souvent qui est derrière, mais ce n'est pas la bonne question. On devrait plutôt se demander qui sont derrière celles qu'on côtoie. »

qu'elle a raison. Il faudrait peut-être moins de slogans réconfortants qui appellent à la résistance générale, et plus de paroles qui dérangent du fait qu'elles sont, justement, tout à fait *personnelles*; qui troublent parce qu'elles témoignent de souffrances intimes à soigner ici et maintenant. Dans son essai intitulé *The Cultural Politics of Emotion*, la critique féministe Sara Ahmed remarque la tendance des discours politiques à évacuer les émotions au profit de discours dits rationnels, plus éminemment « idéologiques ». C'est dans cette perspective qu'elle affirme : « nous devons préserver une forme d'inconfort par rapport à [notre militance], même lorsque celle-ci nous apparaît un espace de refuge ». Je pressens qu'en effet, la réussite d'une lutte – quoique le principe d'un « succès politique » me semble aujourd'hui bien abstrait et relatif – réside moins dans la perturbation de l'ordre établi que dans la capacité de celles et ceux qui la mènent à *se déranger eux-mêmes*, à cultiver un inconfort nécessaire.

Il faut davantage de récits qui viendront « miner le grand projet "familial" » du militantisme, pour reprendre l'expression éloquente employée par Camille Tremblay-Fournier dans le collectif *Les femmes changent la lutte*. Davantage de voix discordantes – même si elles s'unissent, comme c'est le cas lors de prises de parole collectives – qui viendraient « mettre la hache », ou du moins entailler cette culture de l'*impersonnel* politique qui laisse se reproduire des situations inacceptables. Je crois toujours à la pertinence stratégique des black blocs et des actions de masse anonymes. Toutefois, nous avons aussi besoin, en parallèle, de regards qui nous exposent à des formes de souffrance que nous ignorons collectivement.

Lorsque j'ai commencé à m'intéresser au féminisme, on m'a rapidement enseigné la célèbre proposition qui veut que « le privé soit politique », un principe développé par les féministes des années 1970 et qui influence encore fortement les revendications des mouvements actuels. Je reconnais cet héritage dans les pratiques des nombreux groupes – des centres de femmes aux réseaux informels – qui travaillent à instaurer des espaces de discussion sécuritaires où les femmes peuvent dénoncer leurs oppressions dans la solidarité. J'ai participé à plusieurs caucus non mixtes sur la place des femmes dans les mouvements de lutte, plusieurs brunchs féministes et autres événements organisés afin de favoriser la prise de parole de toutes et chacune. Ces pratiques incarnent un potentiel de conscientisation indéniable, mais je m'interroge sur ce qui subsiste de ces voix personnelles dans le discours politique que nous défendons publiquement. Dans *Mettre la hache*, Pattie O'Green écrit que « tant que l'inceste restera entre les rebords du lit, ou dans le bureau du psy, il ne fera pas partie de la vie ». Or, je crains que ces lieux d'échange que nous créons ne deviennent, en quelque sorte, des extensions du « bureau du psy » ; des endroits où ventiler et déverser nos traumatismes pour qu'il n'en reste, après, que des propos intelligibles, des *idées* qu'on peut résumer en quelques lignes par des tracts punchés. Après tout, dans cet espace de révolte qu'on appelle la rue, il n'y a qu'un type de colère précis qui est acceptable : la colère *raisonnée*, performative, celle qui fait lever les poings. Pas de place pour les colères qui accablent, qui s'étouffent dans un sanglot et qui font morver, celles qui donnent plutôt envie de nous serrer dans les bras.

Dans le cadre de la sortie en salle du film *50 Shades of Grey*, j'ai pris part à une action de perturbation avec une dizaine d'autres militantes féministes. Le soir du 14 février – parce que les féministes aussi aiment fêter la Saint-Valentin –, nous avons acheté nos billets de cinéma et nous sommes installées, mine de rien, au milieu des couples en pâmoison et des groupes de filles qui gloussaient. Nous avons attendu patiemment la fin des bandes-annonces puis du générique de début. En voyant le visage de Jamie Dornan apparaître à l'écran, nous nous sommes coiffées de chapeaux de sorcière avant de nous lever en criant : « Christian Grey n'est pas charmant, juste un autre criss de violent ! » Pendant quelques minutes, nous avons marché ainsi dans les allées en lançant au public des poignées de poudre brillante (celle qui colle aux cheveux et aux vêtements). Même si dans les faits, nous avons perturbé bien peu de choses ce soir-là – nous sommes parties après quelques minutes en voyant deux employés du cinéma arriver, et la projection s'est poursuivie comme si de rien n'était devant une salle comble –, il y avait quelque chose d'incroyablement satisfaisant dans le fait de jurer à pleins poumons devant des dizaines de personnes qui étaient, à moins de se résigner à quitter la salle, forcées de nous écouter. Quelque chose d'extrêmement efficace dans cette manière d'intervenir directement dans un espace où les rapports de pouvoir se déploient de façon insidieuse et invisible : dans l'intimité. Directement dans les soirées romantiques de ces couples qui, pour « célébrer l'amour », vont voir un blockbuster qui banalise la violence conjugale.

Rapidement, les insultes ont fusé. À un moment, un homme nous a lancé le classique : « Ostie de mal baisées ! » Sur le coup, le commentaire m'a fait éclater de rire. Parce que ces mots étaient clichés (comme si une sexualité « épanouie » allait nous rendre plus dociles) et leur auteur trop grossier pour qu'ils puissent nous atteindre. En y songeant encore, pendant la soirée suivant l'action, j'y ai reconnu une forte tendance – présente même dans les milieux militants – à délégitimer les prises de position féministes lorsque celles-ci semblent motivées par des enjeux personnels. À priori, cette phrase ne permet pas de se réjouir de quoi que ce soit, mais je veux en tordre le sens et soutenir qu'en effet, c'est en réponse au « mal » qui nous a été infligé, à la violence sexuelle et intime qu'on nous a fait subir, que nous luttons aujourd'hui. J'aime penser que ces corps qui se lèvent et s'imposent sont exactement les mêmes corps qui ont été brutalisés, touchés sans consentement, insultés, regardés de travers. Que ces voix qui dénoncent en criant, en chantant, en haussant le ton ou même en pleurant sont celles qu'on a un jour étouffées. Car c'est entre autres à partir des expériences douloureuses que nous militons, et pas uniquement du haut de quelconques principes théoriques.

Sara Ahmed écrit, en conclusion de *The Cultural Politics of Emotion* :

> Je suggère que nous repensions notre relation aux blessures, autant émotionnelles que physiques. On dit souvent qu'une « bonne » cicatrice n'est pas apparente. [...] Nous devons mettre en doute ce principe, et j'ai envie d'en proposer un autre, alternatif. Une bonne cicatrice est une marque saillante qui persiste sur la peau. Cela n'implique pas que la plaie continue à saigner ou reste ouverte. Seulement, la cicatrice est le signe qu'une blessure a été infligée, et même s'il y a guérison, même si la douleur vive est apaisée, les traces de la blessure doivent toujours demeurer visibles pour nous rappeler comment les préjudices commis façonnent le corps et la manière de l'habiter.

Certain·es disent qu'il faut apprendre à vivre avec notre passé pour avancer dans la vie. Je propose de laisser tomber ce principe psychologisant afin de suggérer, en reprenant l'idée de Sara Ahmed, que pour rompre le cycle des violences, ce sont peut-être les autres – y compris, voire surtout nos « camarades » – qui devraient apprendre à vivre avec nos cicatrices. Même si elles perturbent le regard. Même si cela implique de laisser voir les failles de cet impersonnel qui a fait la force de tant de mouvements, mais qui se construit au détriment de nos histoires personnelles.

DU DÉSIR POUR DICK

Dans les dernières années, le roman épistolaire à saveur autobiographique *I Love Dick* de l'écrivaine et cinéaste américaine Chris Kraus a connu un regain de popularité. Alors que l'édition originale, publiée en 1997 par Semiotext(e), n'avait trouvé de réception qu'auprès d'un public restreint d'initié·es, sa réédition en 2006, sa traduction en français en 2016, puis son adaptation en télésérie par la réalisatrice Jill Soloway la même année ont contribué à en faire une œuvre marquante pour une nouvelle génération.

À travers des lettres adressées à Dick, un universitaire ami de son mari pour qui elle a développé une déroutante attirance, le personnage de Chris, qui se présente comme le double de l'autrice, articule une réflexion sur l'expression du désir féminin, et déplore la difficulté, voire l'impossibilité pour les femmes hétérosexuelles de trouver de l'agentivité dans leur sexualité. Alors que les communautés LGBTQ+ sont parvenues à revendiquer des identités et des pratiques marginales, quel potentiel d'émancipation reste-t-il à une femme qui est dévorée par l'envie d'être – le titre est peu subtil – *fucked by a dick*? Aux lettres rédigées par Chris, le fameux Dick ne répond jamais vraiment, sinon par des commentaires brefs et détachés, empreints d'une pointe de condescendance, qui ne laissent voir aucune réciprocité et n'ouvrent pas au dialogue, mais renvoient seulement la femme désirante à ses propres fantasmes. Cette correspondance à sens unique, qui se poursuit pendant plusieurs années et finit par prendre l'allure d'une performance littéraire, n'est ponctuée que de quelques rencontres en personne avec Dick. Ils ne couchent ensemble qu'une seule fois, au terme d'une soirée en tête-à-tête, après que Dick a incité son admiratrice à formuler explicitement sa volonté de faire l'amour avec lui, puis répondu, l'air amusé : « Je ne dirais pas non... » Chris se voit alors prise dans une situation aliénante, une sorte d'impasse. Elle est animée par un désir des plus conventionnels – l'attirance irrépressible d'une femme pour un homme ténébreux –, mais la posture dans laquelle elle se retrouve n'en est pas pour autant confortable. En exprimant ses envies avec transparence, elle se rend vulnérable à la dérision et à la suffisance de Dick.

Vingt ans après sa parution, le récit de Kraus semble encore d'actualité, et il n'est pas surprenant qu'il continue d'interpeller de jeunes féministes. Avec humour et discernement, l'écrivaine met en scène l'anxiété sociale que génèrent chez elle les soupers d'intellectuel·les où elle est conviée par l'entremise de son mari. Au fil de ses missives, qui prennent graduellement un ton plus essayistique, elle déploie un discours critique autour de la place des femmes dans le milieu de l'art – sur le traitement différencié, le manque de reconnaissance, la marginalisation de leur travail – qui demeure malheureusement encore pertinent aujourd'hui. Mais la popularité renouvelée d'*I Love Dick* s'explique aussi par le fait que la réflexion de Kraus pointe un paradoxe difficile à dépasser. Son récit traduit un malaise qui persiste chez beaucoup de femmes, et chez des féministes en particulier : celui de se sentir prisonnière d'un regard dont on cherche à se dissocier, d'en être victime, mais de le chercher, malgré tout. Il met en lumière l'espèce de pathétisme auquel on associe les manifestations de la passion amoureuse chez les femmes, et plus encore lorsque ces sentiments sont orientés vers les hommes.

En lisant *I Love Dick*, j'ai repensé à tous les « soupers de filles » où la majorité des discussions étaient consacrées à nos rapports, à mes amies et à moi, avec les hommes. Toutes les heures passées à avouer nos complexes, à exorciser nos problèmes de couple, à relater nos *one night*, à exposer nos déceptions et nos faiblesses pour tenter d'en rire un peu. Les amies avec qui j'ai partagé ces soirées n'ont pourtant rien à voir avec le cliché de la femme désespérée qui passe ses soirées à écouter des films à l'eau de rose en mangeant de la crème glacée, les joues couvertes de coulées de mascara. Ce sont toutes des personnes qu'on pourrait qualifier d'indépendantes, et la plupart ne se définissent même pas comme hétérosexuelles. Mais il faut croire que pendant ces moments de complicité non mixte, décortiquer nos histoires avec les hommes apparaît comme une nécessité. Je ne compte plus les rencontres au terme desquelles, étourdies par l'alcool, mais soulagées d'être parvenues à désamorcer ensemble le ridicule de telle ou telle situation, nous sommes rentrées nous blottir contre nos partenaires respectifs ou retournées avec plus de sérénité à nos comptes Tinder. Au point où je me suis parfois demandé si les amitiés féminines ne servent pas indirectement la survie du couple hétérosexuel comme système social, en jouant un rôle d'exutoire qui nous aide à mieux endurer le reste du temps des situations désagréables ou carrément désavantageuses.

Ce sont ces inégalités systémiques dans la conjugalité que dénonce également Liv Strömquist dans la bande dessinée *Les sentiments du Prince Charles* (2012), où elle convoque avec un humour grinçant différents couples célèbres – du mariage de Karl Marx aux déboires amoureux de Whitney Houston, en passant par la relation de Nancy et Ronald Reagan. Manipulation, adultères répétés, narcissisme masculin, chantage émotif, monopole du *care* et du travail affectif: la série de portraits qu'elle dresse donne à penser que ces comportements sont devenus au fil du temps des lieux communs de la vie amoureuse hétérosexuelle, et que ce sont, plus souvent qu'autrement, les femmes qui en font les frais. Ces phénomènes sont, selon Strömquist, symptomatiques d'une société où «la concomitance de l'amour et de la haine est généralement acceptée», où la violence est normalisée au nom de la «passion amoureuse». Pourtant c'est ce modèle, basé sur une valorisation de l'amour romantique – celui dans lequel on plonge en *s'abandonnant*, qui est associé à l'oubli de soi – que beaucoup continuent à suivre. Et si parler de ces dynamiques entre amies peut faire du bien et permettre aux femmes de partager momentanément leur charge émotionnelle, cela ne contribue certainement pas à éradiquer le problème.

I Love Dick m'a laissée sur un mélange de soulagement et de désillusion. Soulagement parce que ce récit m'a aidée à mieux cerner la culpabilité irrationnelle que j'ai à me réclamer d'un féminisme radical, tout en ayant passé une bonne partie de ma vie adulte dans des couples hétéros monogames tout ce qu'il y a de traditionnel. À affirmer haut et fort ma solidarité avec les autres femmes, à faire de cette solidarité la base de mes engagements politiques, tout en recherchant, toujours, ces relations exclusives avec les hommes. Évidemment, le sexisme, ce n'est pas les hommes, et l'hétérosexualité n'est pas toujours synonyme de domination. On peut très bien être féministe tout en aimant les hommes, mais cela ne se fait pas sans conflits ni contradictions. Vouloir être avec eux n'est pas problématique en soi, mais c'est la primauté de ce désir – la place structurante qu'il occupe dans nos vies, en supplantant souvent les autres relations – qui est déroutante. Et si *I Love Dick* m'inspire de la désillusion, c'est parce qu'il expose ce conflit sans vraiment le résoudre. Même si l'autodérision de Kraus recèle une dimension libératrice, ses observations laissent l'impression d'un combat qui serait vain, presque perdu d'avance. Parce qu'après tout, qu'on l'attribue à une pulsion innée ou à une socialisation genrée, le désir pour les Dick de ce monde, on s'en défait difficilement lorsqu'il nous tient au ventre.

*

Dans un article publié en 2015, « Faut-il beaucoup aimer les femmes ? » (*Liberté*, nº 307), Catherine Mavrikakis s'intéresse aux réactualisations du concept de lesbienne tel que développé dans les années 1970 par la théoricienne et écrivaine Monique Wittig. Chez cette dernière, à qui on doit le célèbre postulat selon lequel « les lesbiennes ne sont pas des femmes », le lesbianisme ne désigne pas une préférence sexuelle, mais concerne plus largement une réflexion ontologique autour de la notion de « sujet femme ». Pour Wittig, le terme *femme* renvoie à une catégorie produite par la structure hétérosociale qui se définit toujours à travers sa relation avec une catégorie dominante, la catégorie *homme*. La lesbienne de Wittig ne serait pas seulement une femme qui couche et vit avec d'autres femmes, mais plus encore celle qui refuse cette relation binaire, échappant de ce fait à la domination patriarcale. Mavrikakis invite ainsi à une réhabilitation d'un concept associé à un féminisme daté, et souligne que les discours féministes dominants, ceux qu'on entend en majorité dans les médias, par exemple, accordent encore aujourd'hui peu de place à une remise en question des catégories homme/femme. « Qui s'intéresse à la lesbienne comme notion et qui critique encore l'hétérosexualité ? Plus personne... » remarque-t-elle en ajoutant qu'« il nous faudrait faire encore un effort avant d'être totalement lesbiennes, comme Wittig le souhaitait... »

Les thèses de Wittig sont associées au mouvement des lesbiennes politiques, fort en France et aux États-Unis dans les années 1970 et 1980, qui envisageait le refus de l'hétérosexualité comme une stratégie de lutte contre le patriarcat. Dans la foulée de ce courant de pensée se sont multipliées à l'époque les initiatives non mixtes autonomes : des collectifs, des espaces culturels, des publications et même des milieux de vie autogérés. L'objectif était de permettre aux femmes d'évoluer de manière absolument indépendante, sans l'intervention des hommes. Il s'agissait de rompre avec une organisation sociale fondée sur l'oppression de genre plutôt qu'à la réformer ou à composer avec elle. Le « séparatisme lesbien » a été critiqué sous plusieurs aspects depuis, autant par des féministes que par les communautés LGBTQ+, et une telle entreprise peut paraître, avec le recul, un peu utopique. Cette démarche comporte en effet plusieurs angles morts, mais n'empêche que cet idéalisme peut faire rêver quand on le compare aux récits de femmes désirantes désabusées, aussi brillants soient-ils. Ni les lettres à Dick ni les communes de lesbiennes ne viendront mettre un terme au patriarcat, mais j'aime espérer que la « fin de la relation » prônée par Wittig est encore possible et d'actualité, et que le cynisme n'est pas une fatalité pour celles qui continuent, parfois malgré elles, à désirer les hommes.

DE L'AUTRE CÔTÉ
DE LA FENÊTRE

Pendant un printemps entier, j'ai rédigé mon mémoire de maîtrise dans un petit local réservé aux auxiliaires de recherche où j'avais eu la chance de me voir attribuer un espace de travail près d'une fenêtre. Sachant que la plupart de mes collègues traînaient leurs piles de livres à la bibliothèque quotidiennement, ou rédigeaient dans des bocaux éclairés au néon, je me disais que cette paroi vitrée était un privilège dans une institution qui distribue les opportunités au compte-gouttes. Cette «place de choix» a cependant perdu de son caractère paisible lorsqu'un petit groupe d'ouvriers a entamé la rénovation du pan de toiture adjacent à ma fenêtre. Chaque matin, mon regard, que j'avais pris l'habitude de laisser dériver en attendant que vienne un début de phrase, était distrait par des hommes en salopette Big Bill et en caps d'acier qui exécutaient à quelques mètres de moi des gestes dont je ne saisissais pas toujours la finalité, mais qui étaient, par opposition à mon mémoire en chantier, particulièrement fascinants. Ponctuellement, j'interrompais mon travail pour espionner leurs va-et-vient, leurs mouvements brusques mais précis, leurs démarches lourdes, leurs échanges brefs et fonctionnels. J'observais avec un intérêt quasi anthropologique les scènes qui se déroulaient devant moi et qui avaient si peu à voir avec ma propre vie ; elles me semblaient presque une fiction, un matériau comparable aux textes qu'on m'avait appris, tout au long de mon parcours universitaire en littérature, à analyser.

À un moment, l'un des travailleurs, âgé d'une cinquantaine d'années, peut-être amusé par le spectacle d'une jeune femme qui passe une bonne partie de ses journées à fixer le vide et à boire du café, a attiré mon attention en agitant la main, puis m'a adressé un clin d'œil ponctué d'un hochement de tête appuyé. Mis à part la gêne d'avoir été prise en flagrant délit de procrastination, ce geste m'a laissée indifférente sur le coup. Chose certaine, cette tentative de connivence ne m'a pas flattée. Il y avait dans cette attitude quelque chose de grossier, de trop radicalement différent de mes manières d'être et de celles des gens que je côtoie pour que j'envisage de me prêter au jeu en répondant à cette marque d'attention par des yeux doux ou un sourire complice. Je n'ai pas non plus ressenti d'indignation, ni même d'irritation, bien que mon *background* féministe m'ait appris à lire dans ces comportements les signes d'un machisme ordinaire. J'ai raconté l'anecdote à une collègue, qui m'a plainte, jugeant intrusif ce coup d'œil insistant adressé à même mon lieu de travail. Je comprenais son point de vue, mais je ne parvenais pas à être choquée, parce que cette œillade à priori déplacée me renvoyait à ma propre posture, à ce qu'il y avait d'également indécent dans ma manière d'étudier ces hommes avec curiosité, comme s'ils appartenaient à un monde complètement extérieur au mien.

Pour moi, cette situation somme toute anodine révélait une frontière difficilement franchissable. L'intrusion d'un groupe de gars de la construction dans mon environnement habituel éclairait le contraste entre les différentes façons d'interagir qui prévalent dans les milieux « ouvriers » et dans ceux qu'on qualifie d'« intellectuels ». À ce moment précis, je pouvais prendre la mesure de ce qui distinguait ces hommes qui installaient un revêtement de toiture devant moi et ceux qui circulaient dans le corridor derrière moi – des professeurs, des chargés de cours, d'autres étudiants. Il y aurait beaucoup d'histoires dérangeantes à raconter à propos des milieux académiques, mais les universitaires, en règle générale, évitent de siffler les femmes qu'ils croisent, et ceux qui se permettent d'adresser des clins d'œil cochons sont rares. Dans les colloques et les soirées de lancement, on préfère les répliques hautaines aux blagues grivoises, les invitations intéressées aux compliments libidineux. Les rapports de séduction malsains existent, mais ils prennent d'autres couleurs. Comme dans la plupart des milieux éduqués et cultivés, je suppose, les femmes sont exposées à toutes sortes de gestes importuns, mais elles y demeurent malgré tout à l'abri, du moins partiellement, d'un certain type d'attitudes dégradantes. On y perpétue des inégalités, on y effectue des tris où la désirabilité entre officieusement en ligne de compte, mais le sexisme des rires gras et des « beaux yeux beubé », on s'en tient loin. Ce sexisme-là, c'est pour les autres, les gros machos, ceux qu'on snobe et qu'on regarde de l'autre côté de la fenêtre.

*

Cet épisode ne m'aurait pas donné autant à réfléchir sans la récente multiplication d'interventions sur les réseaux sociaux dénonçant le harcèlement de rue, ce phénomène qui désigne autant les regards suggestifs, les sifflements que les agressions physiques. Les récits sont divers. Des femmes rapportent les « compliments » – sur leur apparence, leurs vêtements, leur manière de jogger – que leur adressent des inconnus croisés sur le trottoir, leur rappelant que dès qu'elles sortent de chez elles, leur corps est à la merci des jugements et des désirs des autres. D'autres livrent des témoignages troublants où elles disent avoir été suivies, frôlées avec insistance, et avoir désormais peur de sortir seules le soir dans leur propre quartier. Ces prises de parole, par leur accumulation, dévoilent un problème alarmant, et l'indignation qu'elles expriment est non seulement légitime mais nécessaire. Cela dit, certaines de ces dénonciations soulèvent une autre problématique qui, si elle n'est pas comparable aux violences vécues quotidiennement par les femmes, mérite d'être examinée. Je lis et entends fréquemment des femmes qui ont un statut social similaire au mien – des étudiantes aux cycles supérieurs, des travailleuses diplômées, par exemple – relater avec consternation des histoires semblables à mon anecdote de toiture. Bien sûr, on ne sait jamais totalement *d'où* quelqu'un parle ; on ne connaît pas toujours le passé que des événements en apparence sans conséquence peuvent raviver. Malgré cela, je me demande si, quand on pointe du doigt des gestes qui incarnent un sexisme flagrant, on ne cible pas du même coup sans le vouloir un groupe social au sein duquel, contrairement à notre milieu où les convenances nous protègent de certaines dynamiques, ces comportements sont davantage tolérés et intégrés aux interactions. En les décriant, on oublie trop souvent d'interroger les rapports de pouvoir complexes qui remplissent notre quotidien. Peut-être même qu'on se conforte, inconsciemment, en se faisant croire que la menace est ailleurs, que la culture du viol, c'est moins nos amis, nos collègues qui l'entretiennent que ces *autres,* ceux devant qui on passe en traversant un chantier de construction. Et tout l'enjeu est là, justement, on *passe.* Même si on subit ponctuellement ces attitudes dégradantes, elles ne font pas vraiment partie de notre monde. Lorsqu'on se plaint des remarques grossières de l'inconnu croisé le matin en se rendant au travail, on met le doigt sur des situations problématiques, mais on ne s'intéresse pas réellement à la condition des femmes dans les milieux populaires. On ne se demande pas ce que la conjointe, la fille ou la voisine de cet inconnu doit endurer, elle, chaque jour.

À l'automne 2014, le collectif Hollaback! produisait la vidéo *10 Hours of Walking in NYC as a Woman,* qui est rapidement devenue virale. Ce court montage présente quelques-unes des cent huit situations de *catcalling* auxquelles est confrontée une femme qui se déplace pendant une journée complète dans les rues de New York avec une caméra cachée, vêtue d'un jean et d'un simple t-shirt noir. Si elle a contribué à une prise de conscience collective, cette vidéo a fait l'objet, dès sa mise en ligne, de plusieurs critiques qui concernaient la tendance du film à stigmatiser des groupes précis, à leur faire porter la culpabilité. Plusieurs ont souligné le préjugé racial qui teintait la réalisation du projet en faisant remarquer, à juste titre, que les harceleurs filmés – du moins ceux conservés au montage – étaient en forte majorité des Noirs et des latinos provenant de quartiers populaires. On a reproché aux documentaristes d'occulter la responsabilité des hommes blancs dans le phénomène du harcèlement de rue pour insister sur des attitudes potentiellement plus répandues dans certaines communautés raciales, mais qui ne font pas pour autant de celles-ci des espaces plus hostiles pour les femmes. Car évidemment, les professionnels en veston-cravate traînent rarement sur les bancs de parcs ou dans les portiques de magasin en plein milieu de l'après-midi ; s'ils importunent des inconnues, ils évitent de le faire dans une allée passante de Central Park. Encore une fois, il y a quelque chose de dangereusement rassurant dans ces représentations qui nous laissent penser que le problème ne vient pas de nous ou de nos proches.

J'imagine qu'en se scandalisant haut et fort des inconduites qui sont commises dans l'espace public au grand jour, on évite de mentionner les paroles déplacées prononcées dans les bureaux, les bières qui se finissent mal, la violence banalisée que nous vivons dans nos chambres à coucher. Il y a peu de choses qui me lient au travailleur embauché pour refaire la toiture de mon université, sinon cette œillade suggestive, à laquelle j'ai échappé ce jour-là en replongeant mon regard dans mon écran d'ordinateur. En revanche, les hommes qui ont eu des attitudes réellement dégradantes à mon égard font partie de mon entourage – ce sont des amis, des collègues. Leurs gestes ont altéré mon intimité d'une manière si sournoise que je n'ai pu en cerner les impacts qu'après des années de militantisme féministe et de thérapie. Les sifflements et le *catcalling* sont des phénomènes visibles, faciles à décrier parce que manifestes. Ils ont des impacts qu'on ne doit pas ignorer, mais sont beaucoup moins complexes et ambigus que les formes de harcèlement qui se déploient, souvent loin des regards, au sein de nos cercles sociaux.

*

Entre les hommes qui sifflent les passantes et les féministes qui s'insurgent sur les médias sociaux, ma solidarité va sans hésiter à ces dernières, à qui je m'associe même lorsque leur discours m'incite à exprimer des réserves. La posture que j'adopte ici est inconfortable, fondée sur des nuances subtiles, mais la place privilégiée que nous occupons – moi, mes collègues et amies, la majorité des universitaires – exige justement que nous explorions cette zone d'inconfort ; celle qui consiste à regarder par la fenêtre, pour tenter de comprendre ce qui se passe de l'autre côté, mais également pour y voir notre reflet sur la vitre et prendre conscience de nos contradictions. Il n'y a rien de mal – au contraire – à exposer une violence commise, quelle qu'en soit la nature. Mais il vaut sans doute la peine de se demander, toujours, ce que nous taisons lorsque nous dénonçons, qui nous épargnons lorsque nous en pointons d'autres du doigt.

DES CONTINGENTS DE PLEUREUSES

Je suis assez jeune pour avoir connu l'époque où Walt Disney Pictures a commencé à produire des films qui mettaient en scène des protagonistes féminines un peu plus émancipées que les princesses traditionnelles. Sur l'écran de télévision devant lequel je passais mes matinées de fin de semaine, Cendrillon et la Belle au bois dormant ont été remplacées par Mulan, et plutôt que de regarder en boucle des scènes où des femmes blondes aux yeux de biche attendent passivement qu'un preux chevalier les tire du pétrin, j'avalais désormais mes bols de Cheerios en admirant la jeune guerrière chinoise qui se battait avec fougue parmi une armée de compatriotes masculins. Je me souviens que mes parents et ceux de mes amies avaient accueilli avec enthousiasme l'apparition d'héroïnes incarnant si bien les valeurs d'égalité qu'ils souhaitaient transmettre à leurs filles. Aujourd'hui, dans mon travail de libraire, je rencontre fréquemment des client·es qui, exprimant des souhaits similaires, survolent les rayons de livres pour enfants à la recherche de personnages féminins forts qui défient les stéréotypes de genre. Je leur conseille des albums où les filles jouent dans la boue et mènent de fabuleuses conquêtes, ou encore des monographies illustrées sur Marie Curie. Je me réjouis de voir autant de gens soucieux d'offrir à leurs enfants des modèles alternatifs qui permettent de croire qu'un monde plus équitable est possible, mais en même temps, ces requêtes me ramènent, toujours, aux sentiments ambigus qu'ont longtemps suscités chez moi ces représentations à priori libératrices.

Même si j'ai écouté *Mulan* assez de fois pour apprendre les paroles de toutes les chansons par cœur, j'ai grandi sans vraiment réussir à m'identifier à ce genre de protagoniste. Je n'ai jamais été assez mignonne pour qu'on me considère comme une princesse, mais pas non plus assez *badass* pour jouer les aventurières. Dès l'enfance, j'ai surtout développé un tempérament nostalgique et un goût pour les histoires d'amour tragiques. Récemment, j'ai découvert dans mes boîtes de souvenirs un journal intime que j'ai écrit à l'âge de dix ans. La moitié des pages sont remplies de poèmes adressés à un garçon dont l'identité m'échappe aujourd'hui, mais qui, si je me fie au ton désespéré de mes premières créations, avait dû m'obséder pendant une bonne partie de l'année scolaire. Lorsque je me suis inscrite dans une troupe de théâtre au début du secondaire, mes parents se sont réjouis; mon sens du drame m'aiderait enfin à me réaliser à travers des projets constructifs. J'ai vieilli en cumulant les compulsions, les complexes et les lendemains de veille, et en entretenant une culpabilité diffuse : celle de ne pas être la guerrière amazone qu'on m'a si souvent servie en exemple, la femme indépendante dans laquelle on reconnaît une réalisation du féminisme.

On ne peut pas reprocher aux parents leur bonne volonté. Personne ne veut border sa fille en lui lisant une histoire qui lui apprend qu'elle a une chance sur trois de subir une agression sexuelle, qu'elle risque d'être victime de plusieurs formes de discrimination tout au long de sa vie et que les moyens de défense qu'elle pourra développer ne la protégeront jamais totalement contre cette fatalité. Mais ce désir de trouver des modèles positifs reste un réflexe assez répandu qui consiste à faire rimer féminisme avec combativité, à chercher de l'inspiration dans des portraits de femmes qui luttent avec détermination pour échapper aux schémas traditionnels. Dans cet idéal, les émotions peu héroïques que sont la tristesse et la mélancolie n'ont pas leur place.

Pourtant, le féminisme ne concerne pas que les parcours rayonnants. Si j'ai souvent jugé négativement mes débordements émotionnels, que j'associais à de la faiblesse, ma passion pour la littérature m'a amenée à découvrir des générations de grandes déprimées qui assument leurs névroses, et investiguent la dimension politique de celles-ci à travers l'écriture. Depuis Sylvia Plath, de nombreuses femmes ont cherché à rendre visible leur cloche de détresse, à parler de l'impossibilité, pour elles, d'être heureuses au sein d'une société où elles sont confinées à des rôles ingrats. Dans les dernières années, on assiste même à une émergence d'artistes qui revendiquent la tristesse comme moteur de création féministe.

Devenue célèbre grâce à son compte Instagram, l'artiste américaine Audrey Wollen est connue pour ses autoportraits photographiques, où elle apparaît avec un visage éthéré, les yeux bouffis, le mascara dégoulinant. Elle profite de visites médicales récurrentes – dont le motif n'est jamais mentionné – pour se mettre en scène sur des civières, affublée d'un collier cervical ou d'une robe d'hôpital. On doit à Wollen la *sad girl theory*, concept qui voit dans la souffrance autodestructrice des femmes une potentielle reprise de pouvoir, une protestation face à un système social où seule la réussite individuelle est valorisée. Dans une perspective similaire, le recueil de courtes réflexions autobiographiques *So Sad Today* (2016), de Melissa Broder, relate avec une franchise déroutante les troubles alimentaires, les dépendances et les problèmes d'anxiété auxquels l'écrivaine ne trouve pas d'apaisement. Les confessions de Broder semblent motivées par la conviction que de révéler publiquement nos côtés les moins glorieux permet de dresser un portrait plus juste de la société dans laquelle nous vivons. Au Québec, on peut associer à cette mouvance des autrices comme Daphné B. (*Bluetiful*, 2015; *Delete*, 2017) ou Marie Darsigny (*Filles*, 2017; *Trente*, 2018). Dans des poésies qui ont en commun d'intégrer des formes rhétoriques associées au langage des médias sociaux, elles évoquent les jours de syndrome prémenstruel passés à écouter Lana Del Rey en attendant des messages textes, leur irritation face aux gens qui leur conseillent de faire du sport et de manger des légumes pour soigner leur dépression.

Ces écritures intimistes – dont la liste d'exemples pourrait s'allonger encore – sont tout sauf consensuelles. Leur côté pop rebutera les plus snobs, et l'impudeur qui caractérise ces prises de parole alarmera n'importe quel détracteur de l'écriture de soi. Ces œuvres sont subversives, surtout, parce que le cynisme qui s'en dégage ne permet pas de rêver à des dénouements heureux, et qu'elles viennent ainsi s'opposer à un féminisme plus «traditionnel» qui chercherait à insuffler une volonté active de changement. Qu'on apprécie ou non leur esthétique, qu'on s'intéresse ou non à leur propos, on doit leur reconnaître la qualité de redéfinir ce qui est généralement admis comme une posture féministe. Ces femmes ne se posent pas en exemple, ne cherchent ni à inspirer qui que ce soit, ni à envisager des solutions concrètes aux inégalités ; elles considèrent que leur vie personnelle *incarne en soi* des problèmes sociaux et mérite, en ce sens, d'être racontée. Leur écriture est ponctuée de complaintes, de constats dramatiques, de «chialage»; elle convoque des modes d'expression qui traduisent leurs sentiments sans les rationaliser ni les aseptiser.

Encore dans le cadre de mon travail, j'ai été appelée à tenir une table de vente dans un congrès rassemblant des travailleuses de centres de femmes. En préparant les boîtes de livres à apporter, j'avais sélectionné plusieurs essais ainsi que des œuvres de fiction qui me paraissaient être des classiques de la littérature féministe. J'avais apporté des romans de Nelly Arcan sans vraiment réfléchir. Devant la réaction d'une participante, j'ai réalisé que mon choix spontané n'allait pas nécessairement de soi. En examinant avec un air sceptique un exemplaire de *Putain*, elle m'a demandé en quoi la lecture de ce livre pourrait *aider* les femmes qui fréquentent son centre. Les textes de Nelly Arcan, ce qu'elle en avait lu, lui paraissaient vains et complaisants : une escorte qui écrit sur sa souffrance tout en restant prisonnière de cette vie, qui s'enfonce dans sa propre aliénation jusqu'à en mourir. Même si je ne partageais pas son opinion, j'ai eu peine à lui offrir une réponse convaincante, car, en effet, l'œuvre d'Arcan ne se déploie pas autour de récits émancipateurs. J'aurais de la difficulté à en faire un outil de mobilisation ou de *self-help*, et je ne souhaiterais à personne de reproduire la trajectoire tragique de l'écrivaine. Au moment d'expliquer à mon interlocutrice que la qualité féministe de ces textes résidait, selon moi, dans le regard d'une extrême lucidité qu'ils posent sur la condition des femmes, je me suis rendu compte que cet échange révélait une tension entre des régimes d'attente complètement différents. Alors qu'on associe le féminisme au partage d'un idéal commun, des paroles comme celles de Nelly Arcan laissent entendre une révolte sans projet, une douleur qui dérange précisément parce qu'elle n'est pas résoluble. Ces témoignages sont sans doute moins rassembleurs que des biographies de femmes au destin admirable, mais leur portée collective mérite d'être éclairée.

Je ne vois pas de fin prochaine au problème de l'oppression des femmes, et c'est pourquoi je me dis qu'il nous faudrait encore plus d'histoires tristes, dans lesquelles des communautés de déprimées pourront se reconnaître. Des récits grâce auxquels elles se sentiront moins seules, et comprendront que leur mal-être n'est pas le fruit de leur propre faiblesse, mais une réponse appropriée et lucide aux violences ordinaires. Qu'à l'inverse, le bonheur prétendument lié à la réussite personnelle peut aussi être synonyme d'un certain aveuglement. Il faut qu'on entende davantage les jeunes filles nostalgiques, les *so sad girls*, les amoureuses déçues, les suicidaires. Parce que leurs larmes révèlent des maux qu'on a, justement, tendance à minimiser. Parce qu'avec leurs échecs et leurs désillusions, elles sont tout autant, sinon davantage que les Mulan de ce monde, les sujets du féminisme.

COURIR APRÈS

Lorsque je suis arrivée dans la petite municipalité de Warsaw, dans le Kentucky, j'avais déjà parcouru à vélo la quasi-totalité des kilomètres qui séparent Montréal de Nashville. J'étais sur la route depuis presque un mois, je pédalais chaque jour plusieurs dizaines de kilomètres, montant et démontant une tente que je traînais sur mon porte-bagage. Tous les matins, j'utilisais le wifi des stations d'essence pour prévoir mon trajet de la journée. Mis à part certains automobilistes impatients, les gens que j'avais croisés jusque-là s'étaient montrés sympathiques et généreux à mon égard. Je ne comptais plus les conseils bienveillants, les cafés offerts et les klaxons d'encouragement dans les pentes abruptes. Tellement qu'à ceux qui me félicitaient en soulignant que c'était courageux pour une femme de voyager seule, je répondais poliment sans réussir à me sentir investie d'une bravoure admirable.

Je suis entrée dans le pub local pour boire une bière froide et demander des suggestions d'endroits où dormir. Quand on m'a parlé d'un parc où il était permis de camper gratuitement, j'ai suivi les indications sans vraiment chercher à savoir si cette proposition représentait un bon plan ou non. Et au moment de partir, quand une habituée de la place m'a lancé un « *Be careful, sweetie...* » (Sois prudente, ma belle...), je lui ai renvoyé un sourire confiant.

Le parc municipal de Warsaw a des airs de village gitan, version hillbilly. Un grand terrain vague avec un module de jeux rouillé, quelques arbres et un gazebo décoré de lumières de Noël, bordé d'un côté par la majestueuse rivière Ohio et de l'autre par une rangée de maisons mobiles. Ici et là, de petits attroupements de tentes étonnamment aménagés, entourés de parasols, de barbecues, d'ensembles disparates de chaises de patio sur lesquelles sèchent des vêtements. En étudiant le sol afin de déterminer le meilleur endroit où me poser, je remarque de larges carrés d'herbe jaunie, qui confirment mon intuition : les gens qui passent par ici s'y installent pour un moment.

Je commence à peine à défaire mes bagages lorsqu'une femme en robe soleil à motifs tie-dye sort d'un abri de toile situé à l'autre bout du parc et s'avance tranquillement vers moi. Elle attend d'être à ma hauteur avant de me saluer, puis me pose les questions habituelles : d'où je viens, où je vais, depuis quand je suis partie de chez moi... Elle me demande combien de temps je compte rester à Warsaw, et paraît surprise lorsque je lui dis que je repars le lendemain. « *By the way, I'm Kendra, and he's Russell.* » (En passant, moi c'est Kendra, lui c'est Russell.) Elle pointe un homme maigre, torse nu, qui nous observe de la tente dont elle est sortie quelques minutes plus tôt. Russell m'adresse un signe de la main sans prendre la peine de se lever.

Si je me fie aux rides creuses qui cernent ses yeux et tailladent ses joues bronzées, Kendra doit avoir au moins une cinquantaine d'années, mais elle a encore des cheveux épais et soyeux, une longue tignasse brun foncé qui lui descend jusqu'à la taille. Elle ne porte pas de souliers, et ses chaussettes blanches sont tachées par le gazon. Pour s'adresser à moi, elle s'approche juste d'assez près pour que je remarque ses pupilles dilatées et les légers tics qui agitent son visage. Je n'ai pas besoin d'insister pour qu'elle me raconte comment Russell et elle se sont retrouvés ici. Ils se sont fait voler leur carte bancaire au début de l'été, et attendent depuis d'en recevoir une nouvelle par la poste. D'ici là, ils n'ont aucun moyen de payer un loyer et campent dans ce parc depuis presque un mois. Par chance, la carte devrait arriver la semaine prochaine. Son récit est lacunaire, plein d'incohérences et de failles

que je n'ose pas remettre en question. J'essaie d'être positive, n
tentative est maladroite. « *So you'll be able to sleep in a real apartı.
next month! Will you stay here, in Warsaw?* » (Donc, vous allez pouv
dormir dans un vrai appartement le mois prochain! Comptez-vou.
rester à Warsaw?) Elle détourne le regard, hausse nerveusement les
épaules. « *Maybe…* »

À moitié pour changer de sujet, à moitié parce que ce moment de
complicité entre femmes me rend encline aux confidences, je lui fais
part du léger doute qui m'habite depuis que j'ai mis les pieds dans
le parc, et lui demande s'il est sécuritaire pour moi de passer la nuit
ici. « *Yeah sure! This is Lenny's place, this tent is Jack's, this one is
Barry's…* » (Oui, certain! Ça c'est la tente de Lenny, celle-ci est à Jack,
celle-là à Barry…) Elle me présente chacun des campements, comme
si connaître le nom de mes voisins temporaires devait me mettre en
confiance. Puis, pointant quatre grandes tentes situées à une trentaine
de mètres et devant lesquelles sont stationnées une moto et une fourgonnette rouillée dont la vitre du conducteur a été remplacée par un
sac de poubelle transparent, elle me dit: « *Those ones are methheads.
They barely sleep and they fight all night, but they're OK. Anyway,
if you have any problem, you can come and see me!* » (Eux c'est les
methheads. Ils dorment pas vraiment et ils s'engueulent toute la nuit,
mais c'est des gens corrects. De toute façon, si jamais il y a quoi que
ce soit, tu peux venir me voir!) Elle me souhaite ensuite une bonne
soirée, prétextant ne pas vouloir me déranger davantage. Je la regarde
s'éloigner, perturbée par l'information qu'elle vient de me confier sur
un ton anecdotique.

*

Juste avant mon voyage, j'ai vu pour la deuxième fois *American Honey*,
d'Andrea Arnold. La prémisse du film – une fille parcourt les États-
Unis dans une fourgonnette avec un groupe de jeunes embauchés pour
faire de la vente de magazines par sollicitation – m'avait interpellée
alors que je m'apprêtais à partir à la découverte de l'Amérique profonde. Ce qui m'a marquée, et habitée pendant mes premiers jours de
route, c'est l'énergie singulière de la protagoniste, Star, sa détermination aveugle. Elle change de vie sur un coup de tête après avoir croisé

qui la séduit en dansant sur « We Found Love » es d'un Walmart. Elle a pour seul bagage un ents et multiplie les rencontres improbables, qui ignore le risque. Alors qu'elle fait du nlieue cossue, elle monte dans une déca-agnie de trois riches cowboys qui l'invitent à boire quila sur le bord d'une luxueuse piscine creusée. Elle accepte même de « traîner » avec un homme dans son pick-up au milieu du désert en échange de mille dollars. On en connaît peu sur son passé et ses ambitions, mais tout en elle – son regard lumineux, tourné vers l'horizon, ses traits expressifs, ses répliques fougueuses – laisse croire qu'elle est poussée par une quête indicible, que ce qui peut passer pour de la naïveté relève en fait d'une véritable pulsion de vie.

En anglais, l'expression *to run after something* décrit bien cette idée d'une motivation qui, même abstraite, nous tire vers l'avant. En français, on dirait « courir après quelque chose » – une locution qui, au Québec, a souvent une connotation péjorative. On dit par exemple d'une personne dans le pétrin qu'elle n'a pas respecté les règles de prudence, qu'elle a *couru après*. C'est ce qu'on dit des filles qui se font suivre dans la rue lorsqu'elles rentrent seules au terme d'une soirée, tard dans la nuit, de celles qui subissent des regards insistants parce qu'elles osent sortir habillées trop légèrement. On pourrait juger que Star, dans sa propension à prendre la route avec le premier venu, *court après le trouble*. S'il m'arrive quelque chose au cours de la nuit – si on m'attaque ou me vole pendant mon sommeil – c'est bien parce que j'aurai couru après, et personne ne réalisera de film inspiré par mon destin de jeune voyageuse pas assez avisée pour se louer une chambre de motel.

Dans *King Kong théorie*, Virginie Despentes évoque les squats où elle a séjourné et les voyages qu'elle a faits sur le pouce alors qu'elle était une jeune punk fraîchement évadée de chez ses parents. Elle mentionne les agressions qu'elle a subies à cette époque, sans jamais remettre en doute ses choix de vie, affirmant qu'elle ne regrettera pas d'avoir existé pleinement dans un monde hostile pour les femmes. Au contraire, cette mise en danger est à ses yeux une question de survie : « Oui, on avait été dehors, un espace qui n'était pas pour nous. Oui, on avait vécu, au lieu de mourir. [...] On avait pris le risque, on avait payé le prix, et plutôt qu'avoir honte d'être vivantes on pouvait décider de se relever et de s'en remettre le mieux possible. » Elle propose d'en finir avec les principes de protection sur la base desquels on éduque les filles, et suggère que ce qu'on perçoit chez certaines comme de l'insouciance est en fait un acte de résistance.

J'ai toujours eu moins peur de me faire attaquer ou de subir un accident que d'être morte à l'intérieur. J'ai quitté Montréal avec l'intention de me rendre à Nashville sans consulter de carte ni de guide touristique, sans avoir repéré d'endroits à visiter. Au fond, la destination m'importait peu. Si j'ai pédalé tous ces kilomètres, c'est pour oublier les piles de vaisselle sale, les rendez-vous notés dans mon agenda, les listes d'ouvrages à lire pour mon projet de thèse. Parce que j'ai eu peur que l'accumulation de tâches banales au quotidien me paralyse. J'ai envie de croire que les aventures inusitées permises par les voyages ont un sens, qu'elles définissent nos vies autant que les études, le travail ou la famille. Si j'ai ignoré tous les signes qui auraient dû me dissuader d'installer ma tente dans le parc municipal de Warsaw, c'est en partie parce que j'essayais de *vivre quelque chose*.

*

Alors que je défais mes bagages, les *methheads* se rassemblent autour de leur campement. Je m'installe pour souper par terre devant ma tente, les observe du coin de l'œil allumer un feu et ouvrir des canettes de bière. Ils doivent être une quinzaine : deux hommes aux cheveux blancs, un jeune Afro-Américain qui semble être le propriétaire de la moto, plusieurs filles âgées d'au plus vingt-cinq ans et quelques enfants. J'essaie d'imaginer les liens qui les unissent, de relever des airs de famille et de capter des bribes de conversation, en faisant de mon mieux pour passer inaperçue.

Nerveuse et affamée, j'avale en cinq minutes le sandwich de dépanneur et le cornichon mariné qui me font office de souper. Je pourrais aller manger au bord de la rivière en trempant mes pieds dans l'eau, mais mes réflexes m'empêchent de m'éloigner de mes affaires. Je m'en veux d'être méfiante, moi qui me considère comme une libertaire, moi qui me passionne pour les récits de marginaux. J'essaie de me raisonner, de me rappeler les principes d'inclusion que j'ai défendus jusqu'ici : être sans logis et consommer de la drogue – même une drogue aussi dévastatrice que le crystal meth – ne rend pas les gens mal intentionnés. Mes craintes ne sont que des relents de bien-pensance, une intériorisation pernicieuse de normes sociales conservatrices.

*

Autour de 23 heures, alors que je viens de m'allonger dans mon sac de couchage, les premiers airs de honky-tonk retentissent, diffusés par un haut-parleur portable. Pour ne pas laisser l'irritation me gagner, je me concentre sur la musique et essaie d'apprécier chaque refrain. Après tout, quand on me demande pourquoi j'ai choisi Nashville comme destination, j'évoque mon goût pour le country. Mais ces airs clinquants ont peu à voir avec le bluegrass mélancolique que j'affectionne tant.

Un peu avant minuit, des voitures se mettent à circuler autour de ma tente ; mon abri est ponctuellement balayé par la lumière aveuglante des phares. J'entends avec précision le crissement des pneus, et devine que les conducteurs roulent sur le terrain vague sans se soucier des allées en asphalte sillonnant le parc. Une première chicane éclate. À cause du fort accent du sud des États-Unis, je ne parviens pas à distinguer les paroles au milieu des cris, mis à part quelques « *shut the fuck up* ». Une personne manifestement énervée passe à côté de ma tente, tellement près que je crains qu'elle ne s'accroche les pieds dans les cordes d'ancrage. Les normes de politesse qui prévalent dans les lieux que je fréquente d'ordinaire ne semblent plus exister ici. Spontanément, je sors d'un de mes sacs l'Opinel que j'utilise pour cuisiner et le dépose, lame ouverte, à côté de mon oreiller, sans vraiment savoir comment je m'y prendrais si j'avais à m'en servir pour me défendre.

Allongée sur mon matelas de sol, le dos raide et les yeux grands ouverts, je repense à mes nombreux épisodes d'insomnie des dernières années. Toutes les crises de panique, toutes les heures passées à me répéter en vain des phrases positives, à regarder compulsivement mon téléphone en espérant passivement qu'une personne me texte des mots rassurants, à chercher mon souffle en redoutant l'éventualité qu'un jour, je ne parvienne plus à le retrouver. Me reviennent aussi les longues nuits de somnifères, celles dont je me réveille confuse, les gestes lourds et la bouche sèche. Les exercices mentaux et les médicaments qu'on m'a prescrits me sont peu utiles contre les dangers qui me guettent en ce moment. Je me dis qu'au fond, la crainte qui me tient en alerte ce soir est moins accablante que l'anxiété qui m'asphyxie le reste du temps.

Je sais qu'à mon retour à Montréal, lorsque je raconterai cet épisode de mon voyage, on me dira que j'ai fait preuve de courage, mais ce n'est pas la pure témérité qui m'a guidée jusqu'ici. Si j'ai passé les dernières semaines à pédaler de toutes mes forces, parfois jusqu'à m'endormir pendant mes pauses de dîner sur une table de pique-nique, c'est parce que j'avais besoin d'éprouver dans mon corps la fatigue émotionnelle diffuse que je porte en moi depuis un moment, d'incarner physiquement cette vulnérabilité pour essayer de l'apprivoiser. Je n'attends pas de grande rédemption de cette nuit à Warsaw, mais je sais que si je parviens à maîtriser ma respiration pour les prochaines heures, si je parviens à trouver un peu d'apaisement dans ce minuscule abri de toile, alors ce sera une petite victoire. J'aurai réussi à déjouer non pas les menaces du monde extérieur, mais bien mes propres réflexes.

*

Je m'endors au petit matin malgré le tapage et la circulation. Lorsque je me réveille, avec la sensation de n'avoir fait qu'une brève sieste, le soleil plombe sur ma tente, et le t-shirt qui me sert de pyjama est trempé de sueur. Il me faut plus de concentration que d'habitude pour exécuter ma routine matinale : remplir méthodiquement mes sacs, remballer avec soin chaque objet, appliquer d'épaisses couches de crème solaire. Au moment où je commence à démonter ma tente, mon regard croise celui de trois femmes qui boivent des cafés glacés devant le campement voisin. Elles viennent de se lever, ou elles ne se sont tout simplement jamais couchées. L'une d'elles se dirige vers moi avec un air solennel et une boîte de Krispy Kreme.

« *Mornin'! Wanna donut ?* » (Bon matin ! Veux-tu un beigne ?)

Cette offre m'apparaît une conclusion ironique à la nuit interminable que je viens de passer. J'accepte volontiers ce déjeuner gratuit, que je vais déguster sur le bord de la rivière en contemplant, méditative, le lent passage d'un bateau de marchandises. Le glaçage sucré du beigne me tombe sur le cœur après quelques bouchées, mais je continue à manger, car je sais qu'après avoir parcouru des kilomètres je serai de nouveau affamée. Je sais aussi que les paysages verdoyants du Kentucky me feront vite oublier mes soucis de la nuit. Je suis toujours impressionnée par cette qualité qu'a la route de dissiper les angoisses. En me levant pour partir, j'aperçois Kendra qui revient des toilettes, les cheveux enroulés dans une serviette. Elle me demande jusqu'où je prévois rouler aujourd'hui. Je n'ai rien à lui répondre. Je ne connais pas le nom des villages de la région, je ne sais pas vers quoi je pédale, ce que je dois espérer ou redouter au terme des courbes, mais étrangement, cet inconnu me donne envie de continuer.

LES AMITIÉS RADICALES

Depuis quelques années, le polyamour et le couple ouvert semblent plus que jamais au goût du jour. À la librairie où je travaille, on vend toutes les semaines, à de jeunes couples comme à des célibataires, plusieurs exemplaires des *Luttes fécondes* de Catherine Dorion. Cet essai paru chez Atelier 10 ne m'a pas conquise, mais sa thèse générale comporte une critique intéressante. Le désir sexuel, à l'instar des mouvements de contestation politique, est freiné lorsqu'on cherche à l'encadrer dans des structures trop restrictives. Le couple monogame, tout comme les grandes organisations politiques, est une institution qui limite la liberté d'action. Le grand classique de la littérature sur le polyamour, *The Ethical Slut* de Dossie Easton et Janet Hardy (1997), connaît aussi un surprenant regain d'intérêt depuis les dernières années. Il serait exagéré d'affirmer que le polyamour est devenu consensuel – le jour où des gens pourront parler de leur couple ouvert dans leurs soupers de famille sans craindre de créer un émoi n'est certainement pas arrivé –, mais la popularité grandissante de ce type de textes laisse croire que la remise en question de la monogamie est de moins en moins inusitée.

Si ces réflexions paraissent à la mode, elles sont menées depuis longtemps dans certains milieux queers, féministes et d'autres communautés militantes, qui contestent la monogamie comme système. Cela implique de considérer l'amour exclusif non plus comme un penchant naturel, mais comme une construction sociale sur laquelle repose tout un modèle économique qui favorise la codépendance des conjoint·es. S'affirmer comme non monogame, dans cette optique, ne signifie pas seulement «vouloir plus de sexe»; cela équivaut aussi à refuser le rêve du ménage idéal et autosuffisant, de la maison unifamiliale remplie de bambins. Je ne suis pas certaine que toustes les partenaires qui cherchent à «changer les paramètres de leur couple» sont porté·es par cette profonde volonté de subversion. Au contraire, on peut se demander si cette «ouverture» ne sert pas, finalement, à sauver l'unité de la conjugalité traditionnelle. La série télévisée britannique *Wanderlust* met en scène cette dynamique circulaire. Elle présente deux quinquagénaires qui, après avoir mené ensemble une vie familiale rangée pendant plus de vingt ans, réalisent que la passion charnelle qui les animait jadis a graduellement disparu. Refusant de voir cet écueil les séparer, ils s'autorisent à entretenir de nouvelles fréquentations chacun·e de leur côté. Ils se décrivent leurs escapades respectives, des repas jusqu'aux caresses échangées avec leurs nouveaux partenaires, et une sorte de magie opère alors : le désir qui s'était éteint est ravivé et ils recommencent à s'envoyer en l'air sur la banquette arrière de leur voiture comme dans leurs jeunes années. Ce scénario récurrent, où le libertinage est employé comme un baume sur l'usure affective, permet de penser que l'hégémonie du couple ne s'achève pas avec la fin de l'exclusivité. Il laisse croire, aussi, qu'il faut peut-être envisager cet ébranlement des conventions que promet le polyamour sous d'autres angles.

*

J'ai découvert récemment un superbe entretien avec Michel Foucault, «De l'amitié comme mode de vie», publié initialement en 1981 dans la revue *Le Gai Pied*. Selon le philosophe, ce qui apparaît troublant pour plusieurs dans l'homosexualité masculine est moins le fait qu'un homme couche avec un autre homme que le rejet de l'institution du mariage et de la famille. Il associe l'homosexualité à une posture marginale à partir de laquelle développer des relations non normées, qui sont plurielles parce qu'elles n'en appellent pas à des engagements exclusifs. Il décrit son propre réseau social comme un tissu de liens à la frontière de l'amour et de l'amitié : des hommes avec qui il partage, à des degrés divers, certains aspects de son intimité. Ces modes d'être-ensemble, « auxquels une société un peu ratissée ne peut pas donner de place sans craindre [...] que ne se nouent des lignes de force imprévues », sont contestataires du fait qu'ils « introduisent l'amour là où il devrait y avoir la loi, la règle ou l'habitude ». Les amitiés ne répondent pas à des rôles préétablis et demeurent, de ce fait, difficiles à institutionnaliser. Il viendrait à peu de gens l'idée d'exiger d'une amie qu'elle nous consacre systématiquement une part déterminée de son temps libre, qu'elle accepte de partager avec nous un compte de banque ainsi qu'une partie de son réseau social. On ne verra jamais de cérémonie officielle où des amis se promettraient fidélité devant la loi, ni de fête annuelle où les amies s'achèteraient massivement des bouquets de fleurs et des boîtes de chocolats cheap. On ne performe pas l'amitié comme on cherche à performer l'amour. Sans doute parce que les relations amicales sont rarement classées en tête des critères qui définissent une vie soi-disant réussie. Je n'aurais jamais imaginé me sentir émue en lisant du Foucault, mais ce texte-là m'a particulièrement touchée. Parce qu'il laisse voir une parole bien personnelle – qualité rare chez les philosophes –, mais aussi parce qu'il reconnaît dans la manière dont se configurent les relations d'amitié un potentiel d'ébranler l'ordre social. À qui nous confions-nous, avec qui partageons-nous nos repas, avec qui partons-nous en vacances ? Par le choix de ne pas réserver au couple tous ces moments, on s'ouvre à une diversité d'échanges qui ne découlent pas d'un sentiment de devoir ou d'une habitude, mais laissent libre cours à la création de rapports dont les règles sont toujours à inventer.

Foucault n'exclut pas du tout le caractère séditieux des sexualités LGBTQ+, mais il déplace la question de la non-hétérosexualité à l'extérieur de l'acte sexuel pour s'intéresser, plus largement, à ce que représentent des modes de vie qui ne sont pas structurés autour du couple traditionnel. Je suppose que ma lecture de cet entretien, et mon enthousiasme devant cette nuance, est influencée par ma propre situation. Ayant passé la majeure partie de ma vie adulte en couple exclusif, j'ai toujours été consciente de ce que mon parcours a de conformiste. Je me suis toutefois fait une fierté de placer mes amitiés – et particulièrement mes amitiés avec d'autres femmes – au centre de mes choix existentiels. Et les féministes autour de moi que j'admire, quel que soit leur statut relationnel, ont en commun ce sens des priorités, qui remet implicitement en doute la hiérarchie relationnelle qui élève le couple au sommet de tout.

Durant un hiver où j'essayais de me remettre d'une peine d'amour, je me suis mise à regarder en rafale sur Netflix toutes les saisons de *Grace and Frankie*. La nuit, j'ai enchaîné les épisodes avec la culpabilité de dilapider mes heures de sommeil devant une émission un peu quétaine, mais avec la satisfaction de découvrir une représentation de l'amitié qui me donnait envie de croire au futur. Cette série met en scène deux femmes dans la soixantaine qui divorcent de leurs maris après avoir appris que ceux-ci entretenaient une liaison amoureuse secrète depuis des années. Alors que les deux hommes retrouvent vite, ensemble, une nouvelle dynamique conjugale conventionnelle, Grace et Frankie deviennent colocataires et expérimentent des formes de liberté qu'elles avaient jusque-là cessé de se permettre. Tandis que leurs ex-époux s'organisent des soupers du samedi soir en tête-à-tête, elles passent des soirées à délirer en prenant des hallucinogènes, démarrent une compagnie de lubrifiant naturel fait à la main et se créent des comptes sur des sites de rencontre juste pour le plaisir de consulter en vrac les profils masculins, sans réelle volonté de mettre fin à leur célibat. Il n'y a là rien de bien révolutionnaire, mais l'espèce de folie qui émane de cette colocation improbable entre «madames» illustre l'univers de possibles qui s'ouvre lorsque la structure conjugale est reléguée au second plan. Ce quotidien partagé entre amies ne correspond pas à une pratique sociale instituée, et c'est de cette zone indéfinie que se dégage un espace de remise en question. L'ébranlement des normes que promet le polyamour tient peut-être moins, en fin de compte, au nombre de personnes avec qui on couche qu'à la manière dont on attribue à certains liens plutôt qu'à d'autres une fonction structurante. Et ce changement de paradigme, j'aime penser qu'il est – à des degrés différents, évidemment – un peu à la portée des queers, des gais, des jeunes députées gauchistes cool, comme des éternelles hétéros et des vieilles femmes divorcées.

LES P'TITES MADAMES ET L'AVENIR DU LIEN SOCIAL

Même si j'ai grandi, comme tout le monde, dans un univers où les stéréotypes de genre façonnent les rapports humains, j'ai été confrontée dans ma vision des attitudes qu'on attend des femmes lorsque j'ai rencontré mon ancienne belle-mère. Lors du repas de Pâques où j'ai fait sa connaissance, elle a dû me demander au moins trois fois, avec une bienveillance inquiète, si je voulais un autre verre d'eau et si le menu du souper me convenait. Ce réflexe m'a d'abord agacée, puis m'a rendue inconfortable lorsque je me suis rendu compte que ces questions, elle ne les adressait pas seulement à moi, elle les posait et reposait en alternance à chacune des personnes autour de la table. Ce souci était plus qu'un excès de politesse, plus qu'une tentative maladroite de me mettre à l'aise; il était symptomatique d'un dévouement existentiel. J'ai découvert au fil des années qui ont suivi que la vie de cette femme – Lise – était faite d'habitudes qui dénotaient cette propension extrême au don de soi. Lorsqu'elle cuisinait de la soupe pour les membres de sa famille, elle congelait tout en portions individuelles, et apposait sur chaque pot une étiquette sur laquelle était inscrite la liste des ingrédients. « C'est pour les petits-enfants, qu'elle m'a expliqué une fois, soit ils sont difficiles, soit ils ont des allergies. » Elle pouvait passer beaucoup de temps dans les allées de la papeterie à nous choisir des cartes de Noël, puis prenait la peine de nous composer de longs messages de souhaits sur du papier brouillon avant de tout recopier au propre dans la carte. Quand mon copain et moi dormions chez elle, nous trouvions toujours dans la chambre d'invité·es deux serviettes et deux débarbouillettes pliées avec une précision maniaque sur le couvre-lit. Elle n'avait jamais un mot plus haut que l'autre, usait d'euphémismes et de détours alambiqués pour éviter de froisser qui que ce soit lors des discussions, et si elle sentait poindre un désaccord, elle évitait la dispute en donnant systématiquement raison aux autres. Ces marques d'égard la rendaient touchante, mais elles suscitaient plus souvent qu'autrement les roulements d'yeux et les moqueries – des moqueries attendries, mais des moqueries quand même – de la part de ses proches. Même si j'ai vite aimé Lise sincèrement, j'ai plusieurs fois ri, non sans remords après, de ces manières d'être qui me paraissaient aux antipodes de l'image que j'avais d'une femme émancipée.

Il faut dire que sa personnalité pouvait s'expliquer en partie par sa trajectoire. Après avoir passé son enfance dans une école tenue par des catholiques qui lui ont inculqué la discipline et le sens du sacrifice, elle a complété un cours de secrétaire – les seules études qu'elle pouvait envisager, venant d'une famille modeste de dix enfants – où on lui a enseigné les principes de base du « savoir-être » en milieu de travail. Bien qu'elle ait occupé des emplois à différents moments, elle a dédié la plus grande partie de sa vie à son travail de femme au foyer. Elle s'est souvent réalisée à travers les accomplissements de ses quatre enfants, puis de ses petits-enfants, c'est-à-dire les personnes dont elle s'est consacrée à assurer le confort et la sécurité. Le destin de mon ancienne belle-mère, s'il est moins linéaire que le très bref récit que j'en fais ici, n'a rien d'exceptionnel. Il ressemble à celui de nombreuses femmes de sa génération, qui ont appris à trouver leur place dans le monde grâce à toutes les formes d'attention qu'elles ont envers les autres. Ces femmes, on en croise partout ; ce sont nos mères, nos grands-mères, nos tantes, nos anciennes maîtresses d'école. Ce sont celles qu'on qualifie, parfois avec affection, mais non sans une part de dérision, de «p'tites madames».

*

Les p'tites madames sont implicitement associées aux valeurs traditionnelles que les féministes ont cherché à déconstruire dans les dernières décennies. Elles sont placées d'emblée du côté de la conformité : conformité aux rôles qui leur ont été attribués, à ce qui est attendu d'elles ; conformité, aussi, aux règles de bienséance qui dictent ce qui est adéquat en société. Il est à priori difficile de concevoir un potentiel révolutionnaire dans les plats maison et les cartes de souhaits personnalisées, pourtant ces élans vers l'autre remplissent une fonction sociale qui est loin d'être apolitique. Avec sa voix frêle et ses airs fragiles, Lise n'a jamais eu l'étoffe d'une leader, mais toute sa vie elle a cherché à assurer une cohésion au sein de sa famille. À force de petits gestes répétés, elle est parvenue à créer une sorte de microcosme où chaque personne est considérée avec sensibilité. Bien qu'elle implique tout un travail invisible, cette volonté de préserver les liens n'en est pas moins essentielle.

Les réactions mitigées que j'ai pu avoir devant les comportements de ma belle-mère, je me souviens de les avoir observées chez une amie, il y a quelques années, dans un contexte qui avait peu à voir avec mes soupers de Pâques. Alors qu'elle était de passage à Montréal pour une fin de semaine, je l'avais invitée à m'accompagner à une foire de zines queers. Même si elle se définit comme féministe, elle était étrangère à ce genre de culture *underground*, et elle a sourcillé en lisant l'affiche collée sur la porte d'entrée qui annonçait un *scent free space*, c'est-à-dire qu'on demandait d'éviter de porter du parfum à l'intérieur de la salle. Elle n'a pas eu l'air particulièrement convaincue lorsque je lui ai expliqué que plusieurs personnes sont intolérantes aux fragrances artificielles, et que ce type de pratiques a pour objectif de leur rendre les événements publics plus accessibles. Le centre communautaire où se tenait la foire était bondé lorsque nous sommes entrées, au point où le système de climatisation ne parvenait plus à rafraîchir l'air ambiant. L'atmosphère était à la fois cacophonique et conviviale. Même si, après moins d'une heure, les joues de mon amie étaient devenues écarlates et que ses oreilles commençaient à bourdonner, elle est restée dubitative en découvrant le *chill space* aménagé dans une pièce adjacente à la salle principale. Le comité organisateur y avait tamisé l'éclairage et disposé des piles de coussins, des boîtes de crayons de couleur et des mandalas *sex-positive* (des images semi-abstraites dans lesquelles les regards avisés peuvent facilement repérer des formes d'organes génitaux), afin de permettre aux personnes plus sensibles, que la foule épuise ou rend anxieuses, de décompresser momentanément. Mon amie a trouvé le concept amusant, mais elle a commenté, en s'esclaffant: «Voyons donc! Tant qu'à faire du coloriage toute seule dans une pièce sombre, tu rentres chez toi, me semble!»

Même si je suis convaincue du bien-fondé de ce genre de pratiques, je n'ai pas eu le cœur de me lancer dans un long plaidoyer. J'ai ri avec elle, parce que le regard extérieur qu'elle posait sur un milieu que j'ai pris l'habitude de fréquenter me rappelait ce que celui-ci pouvait présenter de déconcertant. Les *scent free spaces* et les *chill spaces* ne sont, quoi qu'on en dise, ni absurdes ni ridicules, mais ces façons de faire demeurent inusitées. En cherchant à déconstruire les rapports de force qui sont perpétués ailleurs, ces milieux militants développent des codes qui leur sont propres. Et ceux-ci, bien qu'ils découlent d'un souci d'inclusion, peuvent aussi susciter l'incompréhension.

*

Avec ce type de pratiques, les queers – et j'aurais pu prendre en exemple d'autres milieux militants – proposent des espaces alternatifs dans un monde où le bien-être, lorsqu'il n'est pas commercialisable à travers des voyages dans le Sud ou des abonnements à des centres de yoga, est rarement pris en compte. On reconnaît plus aisément le caractère politique des *scent free spaces* que celui des serviettes bien pliées, toutefois les cas particuliers de mon ancienne belle-mère et de la foire de zines sont peut-être moins antagoniques qu'on le croirait. Malgré leurs différences fondamentales, les queers et les p'tites madames développent une éthique qui peut paraître excessive dans certains contextes, mais qui laisse voir une sensibilité aux fragilités singulières. Ce qui soulève l'inconfort vis-à-vis de ces mères, de ces grands-mères, de ces matantes, ce n'est pas vraiment leur attitude en tant que telle, mais le processus d'effacement de soi qu'elles acceptent implicitement. Or, sans nier le caractère problématique de cette posture d'abnégation que les femmes ont appris à adopter, il importe de reconnaître son potentiel rassembleur. De la même façon que des communautés militantes réussissent à délimiter des lieux où des gens marginalisés peuvent se sentir accueillis, des femmes comme mon ancienne belle-mère cherchent à faire de leur chez-soi un endroit où toustes et chacun·e se sent un peu spécial·e. Ces manifestations de solidarité sont précieuses pour repenser la relation entre le personnel et le collectif. Et quoi qu'il en soit, j'ai envie de voir dans les manières un tantinet vieillottes des p'tites madames une force sous-estimée, quelque chose comme un lien social à préserver.

LES TRAJECTOIRES SPECTACULAIRES

J'ai entendu parler du *barrel racing* pour la première fois lors d'un voyage en Idaho avec un ami. Curieux de mieux connaître la culture du Far West, nous avons cherché des événements de rodéo auxquels nous pourrions assister et fini par dénicher l'annonce d'une compétition qui portait la mention *only ladies event*. J'étais surprise de tomber sur quelque chose qui s'apparentait à un espace non mixte dans le berceau de la culture *redneck*, alors j'ai fait quelques recherches et découvert que la course de chevaux entre barils est une épreuve traditionnellement réservée aux femmes dans les compétitions équestres western, alors que toutes les autres sont pratiquées par des hommes. Le concept est simple mais la réalisation, spectaculaire : trois barils sont disposés afin de créer un trèfle dans l'arène, et les cavalières doivent les contourner le plus rapidement possible, suivant un trajet précis, en évitant de les faire tomber. Cette discipline a été popularisée dès le milieu du siècle par une association de Texanes, des femmes et des filles de ranchers qui avaient dû reprendre les rênes de l'entreprise familiale pendant la Seconde Guerre mondiale et qui désiraient revendiquer leur place dans le milieu du rodéo.

Nous avons finalement dû abandonner notre projet de nous y rendre à cause d'imprévus, mais mon attrait pour ces courses de cowgirls est demeuré vif, assez pour me rendre avec des ami·es au mythique Festival western de Saint-Tite à la fin de l'été. Nous avons pris place dans les estrades bondées, où nous détonnions avec nos pulls de laine et nos Doc Martens. Autour de nous, les gens chaussaient fièrement des bottes de cowboy aux motifs brodés, et presque la moitié de l'assistance portait un coupe-vent avec le logo d'une compagnie de quatre roues ou de machinerie agricole.

Pendant la première heure de compétition, nous regardons des cowboys tomber en bas de chevaux sauvages déchaînés, attraper des veaux à l'aide de lassos et maîtriser des bouvillons à mains nues. Un instant, je ressens une culpabilité à avoir dépensé quarante dollars pour me retrouver là, dans une foule essentiellement composée de personnes blanches, que j'imagine avoir une conscience écologique limitée et une conception discutable de l'éthique animale, mais la fébrilité prend le dessus sur mes scrupules lorsque j'entends le commentateur annoncer le début de l'épreuve de *barrel racing*. Je souris en voyant les cavalières s'élancer au galop, avec une chanson de Shania Twain en arrière-fond. La vitesse et l'agilité avec lesquelles elles se déplacent dans l'arène sont remarquables, mais ce qui me captive, c'est l'étonnante combinaison de puissance et de féminité qu'elles dégagent. Sur l'écran géant où elles apparaissent, j'observe le détail de leur allure: leurs jeans moulants, leurs chemises western à motifs fleuris, leurs longs cheveux détachés, teints blond clair pour la plupart. Elles correspondent aux standards de beauté comme peu de femmes de mon entourage, mais les mouvements vifs avec lesquels elles dirigent leur monture, les sourires chaleureux qu'elles adressent à la foule n'ont rien de racoleur. Le soin qu'on les imagine avoir mis à se coiffer et à choisir leur tenue ne compromet en rien leur rigueur d'athlète; la rapidité de leurs réflexes, le contrôle avec lequel elles se maintiennent en selle lorsque leur monture se penche pour contourner les barils sont impressionnants au point où je retiens mon souffle pendant les premières épreuves. Et cette capacité à investir un sport typiquement masculin sans adopter les marques de la virilité témoigne, je crois bien, d'un rapport fascinant à la performance des codes de genre, que les championnes de *barrel racing* subvertissent et reproduisent à la fois.

★

Les féministes matérialistes qui m'ont formée, dans les textes et dans la vie, m'ont incitée à voir dans la coquetterie genrée – le maquillage, les talons hauts – le symptôme d'un ordre patriarcal, qui contraindrait les femmes à se faire physiquement désirables aux yeux des hommes. Plus tard, en découvrant les théories queers, j'ai appris à saisir les possibilités d'*empowerment* que peuvent offrir ces jeux sur l'apparence. Il y a de plus en plus d'ouverture, dans les discours féministes, à considérer une diversité de rapports au corps et à la beauté. Dans son essai à succès *Bad Feminist*, Roxane Gay affirme la possibilité de se dire féministe tout en aimant le rose, les robes longues et les personnages de filles blondes des téléséries populaires. Cette position de compromis gagne en légitimité, mais je me demande ce que la majorité des militant·es que je connais penseraient de ces cowgirls bleachées qui vivent leur moment de gloire dans une arène tapissée de publicités de Coors Light. De cette féminité clinquante assumée sans distance parodique.

Dans son dernier essai, Martine Delvaux désigne comme «boys club» des lieux de pouvoir d'où sont exclues les femmes, et où les hommes se solidarisent afin de maintenir leurs privilèges. Elle prend en exemple, notamment, l'armée et la politique électorale américaine. Mais ce qui me m'intéresse davantage lorsque j'observe la foule de Saint-Tite, ce sont ces situations où le pouvoir est plus équivoque, dans lesquelles on ne peut pas voir qu'une soumission aux diktats. Les compétitions de rodéo, avec leurs démonstrations de force virile, leurs épreuves à travers lesquelles l'homme affronte l'animal, s'apparentent à un boys club, où le *barrel racing* est l'exception qui confirme la règle. Si *badass* les cowgirls blondes soient-elles, à Saint-Tite les choses paraissent à leur place, selon un ordre social traditionnel: les femmes sont minoritaires, les hommes dominent le jeu. L'ambiance qui y règne a quelque chose de réactionnaire, pourtant je suis convaincue que s'y déploient des formes d'émancipation que bien des grilles d'analyse féministes ne permettent pas d'appréhender.

*

J'ai eu une petite révélation en écoutant le podcast *Dolly Parton's America* (2019), consacré à la vie, à l'œuvre et à l'héritage de la célèbre chanteuse country. Au fil des épisodes, on découvre une figure fascinante, complexe et pleine de paradoxes. Considérée comme l'une des artistes les plus adulées de l'histoire musicale états-unienne, elle compte parmi ses fans des partisan·es de Donald Trump, tout en étant une icône queer. Elle est réputée pour sa chevelure platine et ses chirurgies plastiques, mais a prôné le syndicalisme féminin dans la chanson « 9 to 5 », composée pour le film du même titre. Sans révolutionner la musique country sur le plan de la forme, ses chansons ont donné une place aux réalités des femmes dans un genre artistique qui est loin d'être progressiste.

Lorsque l'animateur du podcast, Jad Abumrad, lui demande si elle se considère comme féministe, elle répond spontanément que non. Elle se justifie en disant qu'elle apprécie beaucoup les hommes, qu'elle aime les côtoyer autant que travailler avec eux. Plus tard, après avoir analysé sa chanson « Just Because I'm a Woman » (1968), qui aborde la violence conjugale à une époque où la scène country est dominée par des paroliers masculins (dont certains sont explicitement misogynes), Abumrad lui repose la même question, et sa réponse n'est plus aussi catégorique. Elle admet que sans être une défenseuse des théories féministes, elle est sans doute « féministe dans la pratique ». S'ensuit un commentaire de l'animateur qui explique merveilleusement l'ambiguïté du rapport de Parton au politique, et qui permet peut-être de réfléchir au cas des cowgirls : « Manifestement, les perspectives à partir desquelles nous [Abumrad et Parton] nous observons ne sont pas adéquates, les termes que nous utilisons pour nous décrire ne sont pas efficaces. Et le parcours de Dolly traverse un espace que notre lexique ne parvient pas à qualifier. »

L'autrice de « Jolene » ne cherche pas à prôner des discours précis ni à déconstruire ouvertement des normes sociales. Elle se démarque en étant publiquement *elle-même*, en l'étant jusqu'au bout, sans compromis et de façon pleinement assumée. C'est cette intégrité qui fait son charisme inégalable, et qui rend l'*empowerment* dont elle fait preuve difficile à catégoriser. De la même manière, les athlètes de *barrel racing* ne galopent pas dans les stades pour défendre la condition des femmes. Dans leur apparence comme dans leur pratique du sport, elles souscrivent à des codes prédéterminés, mais elles le font avec une détermination qui rend leur prestation bouleversante de puissance, à mille lieues de l'aliénation.

*

La foule de Saint-Tite s'anime lorsqu'Anne Lotinville, l'une des meilleures cowgirls de la province, réalise le circuit en un temps record. Quelques rangées devant moi, une fillette monte sur son banc pour applaudir dans sa chemise à franges. Sur la route de retour, j'écoute des entrevues réalisées avec Anne Lotinville, où elle explique qu'« encore aujourd'hui, le rodéo, c'est un monde de gars ». Elle décrit les réticences de certains cowboys à partager le stade avec des femmes, mais conclut toutefois sur une note positive, en mentionnant que « le milieu western, au Québec, c'est surtout une grande famille ». J'ignore si le ton confiant qu'elle prend en prononçant ces derniers mots est sincère ou non, s'il lui arrive de ravaler sa colère en feignant d'ignorer des commentaires désobligeants. C'est fort probable, mais je ne le saurai jamais vraiment, car cette « grande famille » dont elle parle, je n'en fais pas partie. Je viendrai toujours au rodéo en étrangère, et la lunette à travers laquelle j'y observerai les gens restera celle d'une sorte de tourisme social.

Nous rentrons à Montréal le cœur léger, en écoutant en boucle les grands succès de Renée Martel, les yeux rivés sur les plaines agricoles qui bordent l'autoroute 40. En mangeant des roussettes au miel et des galettes de patates au Tim Hortons de la sortie 144, nous nous disons qu'il faudra absolument retourner à la prochaine édition du festival. Si grande soit sa réputation, le festival de Saint-Tite a conservé un aspect « sans prétention » et une ambiance conviviale qui nous ont charmé·es.

Alors que les militantes féministes cherchent perpétuellement à remettre en doute les conventions, les cowgirls s'inscrivent pleinement dans la tradition, sans en ébranler les fondements. Ce qu'accomplit Anne Lotinville est exceptionnel mais pas révolutionnaire : des femmes s'élancent au galop dans les mêmes arènes, parcourent les mêmes tracés depuis des décennies. Mais le fait de s'inscrire ainsi dans une longue histoire ne rend pas sa démarche banale, au contraire ; génération après génération, ces femmes parviennent à investir avec flamboyance un milieu qui leur reste hostile. Cette visite au rodéo me rappelle combien les oppressions et les résistances sont parfois difficiles à distinguer de manière nette. Dresser un portrait juste d'un phénomène implique parfois d'apprendre à contempler ce type d'« espace inqualifiable » où brillent les cowgirls et les stars du country, et qui échappe aux définitions toutes faites.

AVEC LES YEUX
DU QUEER

Dans mes trajets entre la maison et le travail, j'arpente presque quotidiennement la rue Sainte-Catherine entre les stations de métro Berri-UQAM et Papineau. L'automne est bien entamé, et les guirlandes de boules multicolores qui surplombent cette artère principale du Village gai pendant l'été ont été retirées il y a déjà plusieurs semaines. Depuis que les nombreuses terrasses de bars qui occupaient une partie de la chaussée ont été démontées, le quartier a perdu de son ambiance festive, et le portrait général du lieu donne le vague à l'âme. Avec mes collègues, je chiale chaque fois que j'en ai l'occasion contre le nouveau bar Le Renard, qui se décrit comme un « pub de quartier » mais vend des cocktails à douze dollars, et contre les projets d'immeubles en copropriété, que des pancartes annoncent partout. Les commerces typiques du Village – les magasins de sous-vêtements masculins, les saunas, les discothèques aux façades placardées d'affiches montrant des hommes musclés au torse huilé – ne m'inspirent pas non plus et demeurent peu accueillants pour les femmes. La rue est envahie par les chaînes de restauration rapide, qui ajoutent une atmosphère impersonnelle au quartier. Mis à part le Club Date où j'aime aller boire des cocktails trop sucrés une ou deux fois par année et un comptoir de *banh mi* particulièrement économique, il n'y a pas de lieu dans ce quartier auquel je sois particulièrement attachée, et je trouve, dans ce microcosme hétérogène, plus à dénoncer qu'à défendre.

Je ne suis pas seule à faire ce constat. En marge du festival Fierté Montréal, j'assistais récemment à une soirée intitulée « À qui le Village ? », dénonçant le manque d'espaces inclusifs pour les femmes, les personnes trans et les personnes racisées dans le quartier. Malgré la promesse de diversité qu'évoque dans ses rues l'omniprésence du drapeau arc-en-ciel, les communautés qui s'y rassemblent demeurent en effet assez homogènes – des hommes, blancs pour la majorité, des classes aisées. Le secteur est marqué par ce que le journaliste Frédéric Martel décrit dans son essai *Global Gay* (2013), consacré à l'évolution des quartiers gais à travers le monde, comme une « commercialisation de l'homosexualité » : un processus d'embourgeoisement et de normalisation qui pousse les projets plus underground à s'implanter hors de « l'espace clos des "Villages" ».

Derrière les vitrines teintées des bars persistent pourtant des formes de marginalité qui échappent aux critiques de la gauche radicale. Une militante des Sœurs de la Perpétuelle Indulgence, un collectif international œuvrant auprès des groupes marginalisés dans le Village, me précise que ce n'est « pas toujours le prolétariat qu'on imagine » qui traîne au comptoir du Cocktail. Elle me parle d'hommes restés « dans le placard », qui travaillent à l'usine la semaine, mais s'autorisent à être « eux-mêmes » le samedi soir, de jeunes de la banlieue qui ont fait deux heures de vélo juste pour aller veiller dans des bars où ils espèrent briser leur isolement. Ce n'est pas le genre de personnes qu'on rencontre dans les cafés autogérés du Mile-End, ni dans les ateliers d'éducation populaire. Leur situation s'évalue difficilement à travers une grille d'analyse qui opposerait des listes de privilèges et d'oppressions, mais leur détresse, leur solitude sont bien réelles. Ils ne sont ni la clientèle visée par les institutions qui travaillent à l'embourgeoisement du quartier, ni l'objet de la majorité des réflexions militantes. C'est cette sorte de zone floue, ces réalités qui se manifestent hors du spectre de la rectitude politique qui m'intéressent.

Contrairement à ce qu'on aimerait croire, il n'y a pas de distinction nette entre les lieux d'oppression et d'inclusion. Du moins, celles et ceux que la gentrification affecte le plus ne sont pas nécessairement sauvé·es par les groupes qui s'y opposent. Les espaces qu'on dit alternatifs, bien que plus accessibles sur le plan financier, impliquent toujours un capital social. Pas besoin d'être riche pour se rendre à une soirée queer, mais si on veut s'y sentir à sa place, il vaut mieux savoir quels vêtements y sont valorisés, quelle rhétorique adopter, quelles références culturelles mentionner, comment danser et comment séduire. La marginalité, c'est aussi une chose qu'on cherche à performer, en recréant sans le vouloir des processus d'exclusion. Il me semble que la *queerness*, à laquelle nous – tant de gens dans mon entourage, et moi aussi, au fond – essayons tant de correspondre avec nos *mullets*, nos leggings en velours et nos manteaux en fausse fourrure, réside également dans ces existences qui échappent aux idéaux de gauche. Ces personnes ont peu de pouvoir économique, peu de prise sur l'évolution des lieux qu'elles fréquentent, mais elles ne nous apparaissent pas comme des alliées, ni comme des victimes que nous devrions rescaper par nos revendications. Et je crois que ce qu'on désigne comme le queer – terme dont l'origine renvoie à une idée d'étrangeté, d'inclassable, rappelons-le – devrait être davantage réfléchi à partir de ces vies qu'on ne peut catégoriser dans aucun des deux camps.

*

Ce même automne, j'ai passé quelques jours dans ma ville natale pour tenir un kiosque dans un salon du livre. J'ai décidé de m'improviser guide touristique lorsqu'un auteur avec qui je travaille, un homosexuel dans la cinquantaine que j'apprécie pour son attitude *sassy* et son humour cru, s'est plaint de l'ambiance trop straight des «villes de région». J'ai rameuté un petit groupe à qui j'ai proposé de faire découvrir le seul bar gai du coin : un sous-sol décoré de draperies arc-en-ciel et de balançoires suspendues au plafond, dans lequel j'ai dépensé une bonne partie de mes payes à l'époque où j'étudiais au cégep.

Même si on était un jeudi soir, l'endroit était à moitié vide. Il s'y trouvait une vingtaine de personnes : des hommes assez âgés accoudés au bar, deux filles en *date* qui portaient des casquettes de rappeur, une jeune hipster à qui j'ai envisagé – très brièvement – de payer un verre. En voyant Danielle, une vieille butch habituée de la place, allumer un projecteur et faire des tests de son, je me suis souvenue que c'était la soirée karaoké. La première personne à monter sur scène était un garçon d'au plus dix-neuf ans, au teint verdâtre, au regard fuyant et aux vêtements trop grands. Il s'est lancé dans une interprétation approximative de «Believe» de Cher. À l'entendre bégayer à chaque couplet, on devinait qu'il ne comprenait pas vraiment l'anglais, et il esquissait des petits mouvements de danse à un rythme aléatoire qui n'avait rien à voir avec celui de la chanson. Les gens dans le bar n'ont pas trop porté attention au solo raté, mais à la fin, tout le monde a dissipé le malaise collectif en applaudissant, et comme personne d'autre n'avait ajouté son nom au *line-up*, Danielle a comblé le temps mort en exécutant «Les yeux du cœur» de Gerry Boulet. J'ai fixé la scène et n'ai plus porté attention à quoi que ce soit d'autre. Avec sa voix grave et chaleureuse, à laquelle les années de tabagisme n'ont fait qu'ajouter plus de texture, elle aurait pu faire une carrière professionnelle. Dès la première minute, j'ai eu la gorge nouée et des petites larmes que j'essayais d'essuyer subtilement. Je sais que si ce moment – la chanson de Danielle, le bar, l'ambiance, les gens – m'a tant émue, c'est parce que ces festivités peu glamour ne sont pas qu'un simple divertissement de fin de soirée. Dans ces lieux kitsch où des personnalités dépareillées se côtoient, des talents autant que des vulnérabilités se révèlent. L'expression «performance musicale» prend dans ce contexte une connotation ambiguë, au sens où on ne gagne rien, sinon le droit d'être publiquement imparfait·e sans que cela nous compromette réellement. Et c'est sans doute ce qui pousse tant de gens à y revenir.

*

Devenu un classique dans le domaine des *gender studies*, l'essai *The Queer Art of Failure* de Jack Halberstam avance que les personnes queers ont historiquement échoué à répondre à ce qu'on définit comme le succès social. Halberstam voit dans cet échec une résistance radicale. Les modes de vie qui ne correspondent pas avec les visions communément admises de la réussite, lorsqu'ils sont assumés, deviennent selon lui des manières de «refuser de reconduire la logique dominante du pouvoir ». Ils permettent « d'imaginer d'autres finalités à la vie, à l'amour, à l'art et à l'existence », d'investir des avenues qui sont difficilement capitalisables, et qui ne sont pas entérinées par des institutions comme le mariage ou l'université. Le bar karaoké dans lequel je me trouvais ce soir-là me fait penser à cette inversion des valeurs que décrit Halberstam ; les principes d'excellence y deviennent bien relatifs, les prestations désastreuses sont rapidement oubliées, et les moments de gloire demeurent éphémères. On sort rarement humilié·e d'une soirée karaoké dans un bar miteux, mais on n'y entame pas non plus de grande carrière musicale. Les échecs n'en sont pas vraiment, et les réussites sont toujours contextuelles.

Ce type de lieu, on en retrouve partout. La mythique Taverne Normandie, à Montréal, en est un exemple. Du moment où on reconnaît l'intérêt du dissonant, de l'hétéroclite, de l'amateur, on peut saisir le potentiel libérateur de ces endroits où les impératifs de performance qui prévalent d'ordinaire n'ont plus leur place. Pour certain·es, ces apparitions sur scène représentent une routine hebdomadaire – parfois même quotidienne –, une zone de confort à partir de laquelle se présenter dans le monde. Pour d'autres, ce sont des exutoires exceptionnels, le renversement carnavalesque d'un quotidien stressant, une possibilité de canaliser un trop-plein sur des refrains cathartiques qu'on ne s'autorise pas à aimer ailleurs. On troque ses écueils personnels pour des identités spectaculaires qui deviennent momentanément accessibles, le pathétisme des chansons tristes devient une occasion de rire, on chante des amours impossibles pour exorciser ses propres échecs relationnels. Les motivations à s'improviser performeuse pour quelques minutes importent peu, au fond. C'est peut-être la pluralité de postures et de réalités qui y cohabitent qui fait la pertinence de ces endroits-là. Les personnes qui y sont rassemblées n'ont pas grand-chose à voir les unes avec les autres, mais elles sont réunies par un pacte implicite de respect, qui permet de se vulnérabiliser sans crainte. Ces espaces où les universitaires de gauche côtoient des vieux alcoolos et des barmaids sexagénaires sont précieux. La solidarité politique implique de créer des liens entre des personnes qui partagent des oppressions ou des aspirations communes, mais elle devrait aussi valoriser ces endroits où toustes sont accueilli·es sans distinction. Dans les bars karaoké, la «mixité sociale» n'est pas un standard à atteindre. Ce n'est pas non plus un objectif *trendy* à lister pour mousser une demande de subvention. Le caractère hétéroclite des groupes qui s'y rassemblent apparaît comme un état de fait, comme une qualité essentielle. Sans doute devrions-nous envisager l'avenir de nos communautés moins à travers des nouveaux projets alternatifs que dans la préservation de ces salles mal éclairées où, pour un instant, les derniers peuvent être les premiers, pour paraphraser non pas la Bible, mais la célèbre chanson de Céline.

L'ÉTÉ
DE LA GORILLE

Après avoir parcouru des centaines de kilomètres à vélo dans un été torride, j'ai décidé de m'arrêter pour une journée de repos au parc provincial de Sandbanks. Je m'imaginais passer de longues heures de plénitude à contempler l'immensité du lac Ontario, mais des orages se sont abattus toute la journée sur ma tente miniature, me contraignant à rester couchée entre mes sacs à moitié défaits et ma pile de linge sale. C'était le 23 juin, et des dizaines de petites familles québécoises désireuses de « changer d'air » ont envahi le camping pendant le long week-end de la Saint-Jean.

En début d'après-midi, j'ai déjà eu le temps de me masturber deux fois, de grignoter un paquet complet de dattes séchées et de lire les derniers chapitres d'une fiction historique sur la crise du sida. Je finis par m'assoupir en écoutant la pluie marteler les parois de toile, le corps alourdi par la route parcourue dans les jours précédents. Je ne sais pas combien de temps j'ai dormi lorsque je me fais réveiller par les injonctions exaspérées de la mère de la famille installée sur le terrain de camping voisin. « Anthony, lâche la trottinette de ta sœur! » Crissement de gravier, protestations plaintives. « Anthony! Anthony!

ANTHONY-Y-Y ! » Une petite fille que j'imagine être la sœur d'Anthony éclate en sanglots. Une chicane d'enfants dont je n'essaie pas de saisir le détail éclate à quelques mètres de moi. Anthony se fait confisquer sa Nintendo Switch pour le reste du voyage, et la possibilité de me faire ligaturer les trompes m'effleure l'esprit. Je souris, puis je m'en veux d'être cynique. On dit souvent que le mépris dissimule de la jalousie. Je déteste ce genre d'analyse moralisatrice, mais je ne peux m'empêcher de douter de ma bonne foi. Je sais que si les frasques d'Anthony et la crise de nerfs de sa mère m'irritent autant, c'est parce que la situation me ramène à ce que ma solitude peut dégager de pathétique dans ce festival de la famille nucléaire.

*

Pour continuer à passer le temps, j'entame le prochain livre sur ma liste de lecture : la mythique *Storia* d'Elsa Morante. J'abandonne après seulement quelques paragraphes, épuisée à l'idée de côtoyer les drames de la grande Histoire pendant près d'un millier de pages, et je décide plutôt de me masturber une troisième fois, par ennui plus que par envie. J'essaie de penser à la dernière fois que j'ai eu du bon sexe avec quelqu'un. De faire monter l'excitation en me rappelant une odeur de sueur familière, le son de mots chuchotés, une image de peau qui m'évoquerait le plaisir, mais le cœur n'y est pas. Si banale et anodine soit-elle, la dispute d'Anthony et de sa mère me reste en tête, comme un arrière-goût désagréable qu'on ne réussit plus à faire passer. Je sors mon téléphone que j'avais caché au fond de mes bagages, et m'étonne de trouver du réseau au milieu du bois. En quelques mouvements de pouce, je réactive mon compte Tinder et fais défiler des torses musclés, des hommes posant sur des motos, des filles avec des *duck faces* et des oreilles de chat. Après un moment, un message m'annonce qu'il n'y a plus de profils correspondant aux paramètres que j'ai définis. De toute manière, je sais bien que ce n'est pas sur une application de rencontre que je trouverai des réponses aux questions qui m'habitent en ce moment. Qu'aucun match, aucun Super Like n'apaisera l'angoisse que je sens monter au fond de mon ventre. J'ai l'impression d'être ramenée dix ans en arrière, dans un mauvais cours de philo de cégep, à disserter autour d'une histoire d'arbre que personne n'entend tomber au milieu d'une forêt vierge. Si une femme se touche toute seule dans sa tente alors qu'il n'y a personne pour la regarder, a-t-elle vraiment joui? Ces gestes qui ne sont posés que pour soi, ont-ils une valeur? Ou plutôt, quelle valeur accorde-t-on réellement au plaisir lorsqu'il ne nourrit pas une sexualité vécue à deux? Aux formes d'intimité qui ne trouvent, en somme, aucune finalité partagée.

J'évolue dans des milieux féministes où on ne cesse de prôner l'importance du *self-care* et de chercher à déconstruire les tabous autour de la masturbation. Pourtant ce moment passé seule avec moi-même au fond du bois m'apparaît, bien malgré moi, comme une défectuosité. On considère révolue l'époque où la sexualité acceptable était limitée au mariage et à la procréation, mais le désir est toujours davantage valorisé lorsqu'il s'inscrit dans le cadre d'une relation. Je me réjouis régulièrement de découvrir sur les rayons de la librairie où je travaille de nouveaux guides d'éducation sexuelle plus émancipateurs que ceux qu'on m'a fait lire quand j'étais adolescente, des ouvrages qui apprennent aux nouvelles générations que le plaisir peut représenter une source d'épanouissement, pas seulement une cause de MTS ou de grossesse non désirée. Même s'il reste encore beaucoup de chemin à faire, on explore toutes sortes de manières de s'aimer et de baiser plus sainement. Mais la solitude, dans la vie comme au lit – non pas l'esseulement, mais la solitude assumée et désirée –, demeure un angle mort de ce travail de libération collectif. On défend rarement ces actes sans témoin, qu'ils soient explicitement érotiques ou non, qui ne profitent à personne d'autre que soi.

Je ne sais pas si ce silence est le symptôme d'un désintérêt – si l'autonomie sexuelle paraît même digne d'être considérée – ou d'un malaise. On admet qu'il est souhaitable de se donner du plaisir, mais on admet plus difficilement que cette autosuffisance puisse être une finalité heureuse. Pour la majorité des gens, encore aujourd'hui, la sexualité vécue avec un·e ou des partenaires détermine l'identité. Quand je parle d'autonomie sexuelle, je ne pense pas seulement à une panoplie de *sex toys* et de techniques masturbatoires qui nous permettraient de jouir à profusion sans l'assistance d'autrui. En fait, les préoccupations mécaniques ne m'intéressent pas tant que ça. On peut très bien avoir du sexe avec des gens, même développer des formes d'intimité, sans que cela conditionne trop drastiquement nos choix de vie. Là où l'indépendance dérange, où elle suscite l'inconfort, c'est, il me semble, lorsqu'elle influence la manière dont nous apparaissons dans le monde, en prenant un pas de recul par rapport aux impératifs relationnels et reproductifs.

*

J'ai éprouvé un étonnant sentiment de familiarité en lisant l'essai autobiographique *Flash Count Diary. Menopause and the Vindication of Natural Life* de Darcey Steinke. Je n'aurais jamais imaginé être aussi emballée par un récit de ménopause alors que j'ai à peine trente ans, mais les constats qui émergent de cet incroyable ouvrage dépassent de loin les observations cliniques habituelles. Lorsqu'elle sent monter les premières bouffées de chaleur qui annoncent la fin imminente de sa fertilité, l'autrice se met à consigner ses symptômes physiques et psychologiques, et entreprend une véritable enquête sur les prescriptions sociales, culturelles et médicales entourant la ménopause. Rapidement, on réalise que ce n'est pas tant l'incapacité de se reproduire qui est perçue comme problématique que la perte de disponibilité qui découle de ce changement hormonal. Parce qu'elles ne sont plus soumises à un cycle qui informe leur libido, parce que le vieillissement du corps les écarte de plusieurs stéréotypes de beauté féminine, les ménopausées ne participent plus au système dans lequel on tend à inscrire les femmes. Steinke s'intéresse également à la fin de la fertilité chez différentes espèces animales, et mentionne le cas de Colo, la plus vieille femelle gorille vivant en captivité. L'équipe de recherche responsable d'observer le primate remarque que la perte de fécondité se traduit chez elle par une transformation de sa relation aux autres singes. Jalouse de son espace, Colo recherche davantage le calme et l'isolement, et manifeste son irritation face aux comportements exubérants des mâles en rut. Est décrite une scène particulièrement évocatrice : le jour de son cinquante-neuvième anniversaire, Colo se fait offrir un gâteau et des présents emballés devant un public captivé, dont la présence semble l'indifférer totalement. Sans porter attention à ses cadeaux, elle se contente de lécher tranquillement, d'un air impassible, le glaçage du dessert. « Il est évident, à voir Colo enlever les guirlandes de papier et les foulards enroulés autour de son cou, qu'elle n'est pas du genre à se laisser perturber par qui que ce soit », commente Steinke.

Au-delà de l'envie de coucher ou de vivre avec quelqu'un, c'est peut-être à ce détachement, au bien-être et à l'autodétermination qu'il permet, que j'aspire. Il y a quelque chose de profondément inspirant dans cette posture de refus, cette capacité de se soustraire aux logiques de la séduction, de la performance et de l'approbation sur lesquelles repose l'essentiel de nos manières d'être ensemble.

*

La pluie finit par cesser vers la fin de l'après-midi. Avant de sortir de la tente, en enfilant des pantalons de jogging, je remarque un coup de soleil au-dessus de mon genou droit, juste sous mon cuissard. Même si j'ai hâte de me dégourdir enfin, je prends le temps d'appliquer une couche de gel d'aloès sur ma cuisse rougie. Au moment de me relever, j'étire pendant plusieurs secondes mon dos endolori. Ces attentions portées à mon corps me font plus de bien, à ce moment, que n'importe quel orgasme.

Sur la plage, je marche longuement pour m'éloigner des groupes de touristes, puis je trouve une aire de pique-nique déserte où m'installer. J'enfonce mes pieds dans le sol, me concentre sur la sensation du sable lourd et mouillé sur ma peau. La brise légère rafraîchit ma peau brûlée. Je regarde au loin les enfants courir vers les vagues, surexcité·es après de longues heures à contenir leur énergie en attendant le beau temps. Je vois leurs mères – des femmes de mon âge, ou à peine plus vieilles – les observer quelques mètres plus loin, les épaules tendues par la vigilance, et j'aimerais leur offrir un peu de l'apaisement que j'éprouve.

Je sors de mon sac une carte postale achetée la veille au kiosque d'accueil du camping, et l'adresse à une bonne amie. J'écris un commentaire sarcastique sur les enfants envahissants, une blague sur mon teint de homard, trouve deux ou trois formules poétiques pour décrire la beauté du lac qui s'étend à perte de vue devant moi. J'use de ce sens de l'autodérision qui m'aide à rester droite, ce ton doux-amer qui me sauve la face, peut-être la vie. Je ne dis rien du paradoxe grandissant qui m'habite. De la force que j'ai l'impression d'acquérir au fil des kilomètres. De ces doutes auxquels je me sens ramenée lorsque le monde extérieur me confronte à mes choix. De l'ennui accablant de cette journée passée seule sous la tente. De ma certitude que ce type de temps morts incarnent, malgré tout, quelque chose de précieux.

LA BIENVEILLANCE EN EXTRA

J'entretiens depuis longtemps une affection sincère pour les vieux restaurants de quartier et leurs assiettes déjeuner, souvent en spécial à quelques dollars avant neuf heures du matin. Pendant une période où je faisais beaucoup d'insomnie, plusieurs nuits, j'ai attendu avec impatience l'ouverture du *diner* au coin de ma rue, soulagée à l'idée de pouvoir dissoudre mes angoisses existentielles dans le gras de bacon. Je serais incapable de compter tous les débuts de matinée que j'ai passés au restaurant Le Sommet, dans Hochelaga-Maisonneuve, multipliant les *refills* de café filtre et faisant les mots croisés du *Journal de Montréal* pour repousser le début d'une journée de rédaction. Je garde aussi un doux souvenir des randonnées à vélo débutées sur des banquettes en faux cuir, à chercher dans les montagnes de patates rissolées recouvertes de ketchup l'énergie nécessaire pour pédaler plusieurs heures.

J'apprécie ces endroits pour leurs menus plus qu'économiques, mais aussi pour leur ambiance à la fois intemporelle et anachronique. Alors qu'à tous les coins de rue ouvrent des cafés *indie* – où l'on se fait servir des lattés dans des verres IKEA par des baristas peu expressifs, et où l'on s'assoit à de grandes tables parmi des inconnus cachés derrière des MacBook Air –, je trouve réconfortants ces lieux qui échappent aux principes de l'« art de vivre ». On me dira que mon intérêt n'a rien d'original, qu'il est devenu plutôt convenu d'aimer le cheap, le vintage, le quétaine. En effet, lorsqu'on se met à analyser la clientèle de ces restaurants, on constate qu'aux communautés d'habitué·es s'ajoutent toujours deux ou trois hipsters. Je suis bien consciente du fait que j'appartiens davantage à la seconde qu'à la première catégorie, mais je crois que ma présence et celle de mes homologues n'est pas qu'ironique. La nourriture qu'on y sert évoque les spécialités de nos grands-mères, qui ont appris à cuisiner bien avant l'avènement du grano-bio-sans gluten. La décoration qui ne semble pas avoir été refaite depuis les années 1990 rappelle celle des endroits où nous allions manger le premier jour des vacances scolaires, et c'est cette familiarité que nous recherchons en passant la porte d'un *diner*.

J'ai pris l'habitude de fréquenter ces institutions locales parce que je trouve le contact des serveuses qu'on y rencontre profondément agréable. Elles correspondent au profil bien connu de la vieille serveuse : âge respectable (la cinquantaine, si ce n'est pas la soixantaine), fort accent québécois, voix de fumeuse, teinture, permanente, maquillage prononcé. Elles s'appellent Monique, Carmen, Réjeanne, et pratiquent leur métier depuis des décennies, du moins c'est ce que leurs gestes assurés laissent croire. Je devine que leur vie a peu à voir avec la mienne, mais la familiarité avec laquelle elles s'adressent à moi me paraît toujours à propos. De temps en temps, l'une d'entre elles m'appelle « ma belle », et même si je comprends que ce n'est qu'une forme de courtoisie, même si je me doute bien qu'elle ne me trouve pas plus jolie qu'une autre, je ne peux m'empêcher de le prendre comme un compliment. Lorsque je les regarde sillonner la salle à manger les bras chargés d'assiettes, le pas preste et le brushing en place, leur grâce pleine d'affirmation me laisse croire qu'elles ont quelque chose d'essentiel à m'apprendre sur la féminité.

*

Je repense souvent à Diane, une des serveuses du Roi du Smoked Meat, sur la Plaza Saint-Hubert, que j'ai vue pour la première fois alors que je terminais une soirée bien arrosée autour d'une poutine avec des amies. C'était dans la nuit de vendredi, vers deux ou trois heures du matin, et l'endroit était presque désert. Les quelques tables étaient occupées par des groupes de jeunes adultes ivres qui s'esclaffaient ou somnolaient sur les banquettes rouge vif. Diane, elle – nous ne nous sommes jamais présentées, mais sur ma facture, on m'annoncerait que j'avais été servie par elle –, prenait les commandes, nettoyait les tables et distribuait les bons plats aux bonnes personnes avec une énergie déroutante. Sans jamais perdre patience devant nos hésitations et nos questions sur le menu, elle notait dans son carnet chacune de nos demandes spéciales : les extra fromage, les rondelles d'oignons substituées aux frites, les « pas de *pickle* s'il vous plaît ». Entre deux interactions avec des client·es, elle fredonnait avec un sourire en coin les ballades populaires diffusées dans les haut-parleurs de mauvaise qualité. Elle avait le teint pâle, des débuts de cernes autour des yeux, mais rien dans son expression ne laissait deviner la fatigue, et même si elle devait avoir plus du double de notre âge, j'ai pensé qu'elle nous survivrait.

Son service respectait toutes les règles de bienséance, mais sa politesse n'avait rien de machinal. Elle nous a saluées chaleureusement à notre arrivée et à notre départ, est revenue à notre table pour remplir nos verres d'eau et nous demander si « tout était beau » juste assez souvent pour s'assurer que nous ne manquions de rien. Son « comment ça va, les filles ? » n'appelait pas de grands épanchements, mais exprimait tout ce qu'il faut d'enthousiasme pour qu'on se sente bienvenues. Ses manières incarnaient une bienveillance presque maternelle. En même temps, son ton expéditif imposait le respect, marquant clairement la limite de son dévouement. Elle faisait preuve d'une amabilité qui dépassait largement ce qu'on attend d'une serveuse au milieu de la nuit, mais quelque chose en elle nous avertissait : « Pas le temps de niaiser. » Elle nous a toutes tutoyées ; faire autrement aurait tenu de l'hypocrisie. Non seulement elle avait plus que l'âge d'être notre mère, mais elle nous connaissait sans nous connaître : des groupes de jeunes universitaires éméchées, elle devait déjà en avoir servi quelques-unes depuis le début de son shift, et des centaines dans sa vie. Ses attentions avaient été maintes et maintes fois répétées. Elle ne s'en cachait pas, ne nous permettait pas d'ignorer le caractère routinier de son travail, n'essayait pas de nous faire sentir plus spéciales que nous ne l'étions en réalité, mais cela ne diminuait en rien la valeur de ses égards. Au contraire, cela les rendait plus honnêtes.

*

Au cours d'une discussion sur la pluie et le beau temps avec Guylaine, ma serveuse préférée du Sommet, j'ai laissé sous-entendre que je me considérais comme une « habituée de la place ». Elle m'a regardée d'un air sceptique. J'ai alors compris que la notion d'habitude avait un sens relatif. Faut croire que, dans ce genre de restaurant, le fait de se payer un spécial déjeuner aux deux semaines n'est pas suffisant pour faire partie de la famille. C'est vrai qu'en portant attention aux gens assis aux tables voisines, je pouvais observer des traits récurrents auxquels j'échappais complètement. L'endroit était essentiellement fréquenté par des personnes âgées – seules ou en couple – qui écoutaient les nouvelles diffusées sur les écrans accrochés au haut des murs en grignotant un œuf et deux toasts à la confiture. Leur attachement au lieu avait sans doute peu à voir avec la nourriture en tant que telle – manger la même chose à la maison n'aurait pas demandé beaucoup d'efforts et aurait coûté dix fois moins cher. Non, l'attachement tenait d'une sorte d'intimité installée au fil des repas. Alors que je devais à chaque visite redéfinir la composition de mon déjeuner – choix de viande, cuisson des œufs, couleur du pain –, Guylaine et ses collègues prenaient la commande d'une bonne partie de la clientèle en lançant simplement : « Comme d'habitude ? » Elles savent qui sucre son café et qui y met du lait, se souviennent qu'untel n'aime pas les oignons et qu'une autre remplace ses fèves au lard par des cretons. Par cette faculté à retenir ces détails qui font le confort de chacun·e, elles jouent un rôle significatif dans les journées des habitué·es.

Malgré l'atmosphère sans prétention de ces petits restaurants de quartier, les serveuses y sont généralement bien mises. Vêtements de travail sobres et féminins, cheveux coiffés avec soin, ongles manucurés, bijoux légèrement clinquants : leur apparence témoigne d'un souci d'élégance. Toutefois, je n'ai jamais vu aucune d'entre elles – et Dieu sait que je me suis mise à les observer assidûment le jour où l'idée m'est venue d'écrire ce texte – se faire aguichante. Le charme de Guylaine, de Diane et de leurs consœurs ne relève pas de la séduction, mais de ces gestes simples qui donnent une dimension plus personnelle, plus humaine aux échanges. Le métier de serveuse est rarement associé au *care*, mais en s'intéressant aux formes d'attention subtiles que déploient les serveuses au quotidien à travers des tâches qui paraissent strictement fonctionnelles, on constate que leur travail dépasse de loin le service.

Même si mes visites au Sommet et au Roi du Smoked Meat ne sont que des sorties parmi tant d'autres dans mon emploi du temps, j'y trouve un réconfort particulier, qui tient à leur côté chaleureux. Les milieux où j'évolue sont régis par la recherche de reconnaissance et de capital symbolique. J'ai souvent l'impression de participer à une course au mérite, et je trouve quelque chose d'apaisant dans ces espaces où l'amabilité est accordée sans trop de distinction. La gentillesse des serveuses de *diner* est admirable, justement, du fait qu'elle est démocratique, allouée à quiconque fait preuve d'un savoir-vivre minimal.

✳

Parmi mes lectures féministes les plus marquantes des dernières années figure l'essai de Beverley Skeggs *Des femmes respectables. Classe et genre en milieu populaire*. La sociologue britannique y consigne des observations développées à partir d'entretiens menés pendant plus d'une dizaine d'années auprès de quatre-vingt-trois jeunes femmes issues de la classe ouvrière. Skeggs convoque la notion de « respectabilité » pour décrire l'insécurité qui anime la majorité de ces femmes et conditionne leur manière de se présenter publiquement : l'angoisse du jugement d'autrui, la peur de paraître inconvenantes, ou encore de ne pas être traitées avec dignité. Alors que la « respectabilité » s'acquiert intuitivement pour celles qui appartiennent à des groupes sociaux éduqués, la quête de légitimité implique, pour celles qui proviennent de classes sociales stigmatisées, tout un travail de « construction de soi » lié aux normes de la « féminité ». Selon Skeggs, « [l]a féminité exige la mise en œuvre de dispositions de classe, de formes de conduite et de comportement, de formes culturelles qui ne sont pas celles de ces femmes : il y a peu de chances qu'elles fassent preuve de la "divine maîtrise de soi", manière d'être qui repose sur des dispositions "féminines" telles que le silence, l'invisibilité, l'immobilité et le calme ». L'autrice explique qu'une grande partie des femmes qu'elle a interrogées ont fini par abandonner à un moment ou à un autre l'idée d'avoir l'air séduisantes par crainte d'être déplacées, pour définir plutôt leur féminité à travers l'affirmation d'un « soi dévoué ».

Guylaine m'a confié une fois qu'elle pratiquait son métier depuis plus de quarante ans. Elle a été embauchée à dix-huit ans dans une brasserie de la rue Ontario, et a travaillé depuis dans pratiquement tous les restaurants du quartier. En réponse à mon air impressionné, elle a tenu à me préciser que son long parcours professionnel n'avait rien d'exceptionnel : « Être serveuse, c'est une carrière, tu sais ! » Je me demande si, plus jeune, Guylaine a dû affronter des commentaires dégradants avant de développer cette cordialité sans complaisance qui inspire la considération. Je peux uniquement imaginer les dilemmes qui habitent Guylaine, Diane et les autres serveuses de leur âge. Je ne sais pas si en mettant les pieds dans leurs restaurants, avec mes grosses lunettes vintage et mon exemplaire du *Devoir*, je participe du rapport de force implicite qui rend si précaire la « respectabilité » de certaines femmes. Sans supposer que ma fascination soit réciproque, j'aime penser qu'elles regardent avec une pointe d'amusement les filles comme moi qui sortent déjeuner en pyjama le samedi midi et gardent leur tuque à l'intérieur pour cacher leurs cheveux gras. Leur sollicitude est peut-être symptomatique d'impératifs auxquels se conforment, consciemment ou non, ces femmes. Mais je crois que cela ne diminue pas l'importance de ces façons de faire. C'est, au contraire, la nécessité même de ces marques d'égards qui donne aux vieux habitués comme aux jeunes hipsters l'envie d'y retourner encore et encore.

LESBIENNES RADICALES, *SAFE SPACES* ET POMPONS ROSES

On évoque très peu les militantes lesbiennes lorsqu'on s'intéresse à l'histoire des luttes féministes au Québec. Les motifs de cet oubli systématique sont complexes. On peut supposer que leur volonté d'indépendance totale par rapport aux hommes n'a pas contribué à leur assurer une place au tableau d'honneur des figures féminines marquantes de l'Histoire. Dans *Sortir de l'ombre. Histoire des communautés lesbienne et gaie de Montréal* (1998), l'autrice Louise Turcotte explique que dès la naissance du mouvement des lesbiennes radicales au Québec, plusieurs féministes se sont même opposées à ce qu'on leur accorde trop de visibilité : « Leur présence devait être la plus discrète possible afin de ne pas discréditer le mouvement des femmes. »

Ainsi, quand je me suis engagée à présenter une rétrospective des mouvements féministes québécois pour les soixante ans de la revue *Liberté*, il m'est vite apparu que les figures à qui je souhaitais rendre hommage sont ces militantes qui, de diverses manières, ont contesté l'hétérosexualité comme institution sans pour autant s'inscrire dans la mémoire collective. J'avais envie de donner la parole à celles qui ne réclament pas seulement leur place dans les structures existantes, mais font le pari d'inventer et d'incarner des nouvelles manières de vivre. J'ai réalisé des entretiens avec deux militantes de générations différentes. L'une, Johanne Coulombe, a participé activement au mouvement des lesbiennes radicales qui émerge au Québec dans les années 1980. L'autre, MP Boisvert, gravite depuis près d'une dizaine d'années dans les milieux queers et dans plusieurs organisations LGBTQ+.

*

Johanne Coulombe m'attend avec un casque de mobylette posé à côté d'elle sur la table du café où nous nous sommes donné rendez-vous. Elle m'explique en riant que son choix de locomotion est significatif. « Il y a deux choses qui étaient primordiales, dans la vie, pour mes parents : se trouver un travail et s'acheter une voiture. Moi, ce qui m'a toujours importé, c'est avant tout d'être autonome. Je me suis longtemps déplacée en moto, maintenant j'ai un scooter. » Johanne est née à Amos à la fin des années 1950, dans un milieu assez conventionnel, où elle était forcée de quitter la maison en jupe les matins d'école, où « être une fille » se résumait à se faire imposer des interdictions. Elle a vécu une véritable révolution personnelle lorsqu'elle a déménagé à Montréal au début des années 1980, pour faire un baccalauréat en enseignement du français au secondaire à l'UQAM. Elle s'est impliquée dans le comité femmes de l'université, où elle s'est vite sentie investie, mais jamais en totale cohésion avec le groupe. Sa plus grande révélation, elle l'a eue en rencontrant la militante lesbienne Danielle Charest, qui venait de cofonder la revue *Amazones d'hier, lesbiennes d'aujourd'hui*, après avoir participé à un documentaire du même titre consacré aux réseaux lesbiens à Montréal. Johanne me décrit l'admiration que lui inspirait cette activiste à l'allure libérée, dont les prises de parole publiques témoignaient d'une assurance exceptionnelle.

Ne sachant trop comment l'aborder, Johanne s'installe sur la rue où vit cette dernière pendant quelques après-midis avec l'espoir de la croiser «par hasard». Enfin, une bonne journée, un groupe de militantes se dirigent vers l'appartement de Danielle et, passant devant Johanne qui fait mine de se rendre au dépanneur du coin, l'invitent à se joindre à leur collectif affinitaire non mixte pour une action de protestation organisée à l'occasion de la visite du pape Jean-Paul II. Lorsqu'elles entrent chez Danielle, où se tient la réunion de préparation, cette dernière accueille Johanne en lui demandant, sans préambule : «Es-tu lesbienne, toi ?» Après avoir brièvement hésité, prise de court par la crudité de cette question qu'elle ne s'était jamais posée directement, elle répond par l'affirmative. Ce jour-là, Johanne rencontre une communauté qui sera la sienne pour la plus grande partie de sa vie, et c'est aussi à partir de cette période qu'elle commence à revendiquer ouvertement son lesbianisme. Elle m'explique qu'elle avait déjà décidé depuis un moment, pour des raisons personnelles, de ne plus partager sa vie intime avec des hommes, mais que ce choix n'était pas motivé uniquement par une attirance pour les femmes. «Être lesbienne, ce n'est pas quelque chose d'inné, ce n'est pas lié qu'à une préférence naturelle pour les personnes d'un sexe plutôt que d'un autre. Je suis lesbienne parce que je l'ai voulu consciemment, parce que j'ai souhaité m'associer d'abord et avant tout à d'autres femmes, dans le quotidien comme dans la lutte. Je me désole toujours de voir des femmes subir les relations hétérosexuelles comme une fatalité.»

Johanne appartient à une génération de militantes qui conçoivent le lesbianisme comme un choix politique. Pour le collectif de la revue *Amazones d'hier, lesbiennes d'aujourd'hui*, dans laquelle elle s'implique activement à partir de 1984, le lesbianisme consiste à refuser de participer au système hétéropatriarcal, qui repose sur l'exploitation de la classe des femmes par celle des hommes. Les lesbiennes radicales prennent leurs distances par rapport aux discours féministes de l'époque dont l'analyse est principalement basée sur les réalités des hétérosexuelles. Alors que d'autres réclament, par exemple, l'accès à la contraception et la reconnaissance du travail ménager, les lesbiennes radicales rejettent l'idéal de la famille nucléaire pour créer des espaces indépendants de l'économie patriarcale, convaincues que de s'extraire d'un système d'oppression permet de mieux le critiquer et l'abolir.

L'implication de Johanne dans *Amazones d'hier, lesbiennes d'aujourd'hui* a été une étape cruciale de sa formation politique. Elle mentionne quelques dossiers stimulants – notamment un numéro thématique sur «l'oppression de la famille» où elle signe un texte essayistique – ainsi qu'une série de tâches invisibles qui, à l'instar de la communauté politique à laquelle elle prend part, demeurent trop souvent ignorées. Retaper à la dactylo les textes manuscrits acceptés pour publication, organiser des forums, coordonner des envois postaux, aider à l'impression de la revue sur des presses manuelles: un travail de longue haleine, toujours bénévole, qui paraît fastidieux à l'ère des fichiers numériques. Pendant les années 1980, les activités du collectif se déroulent dans les locaux de l'école Gilford, un centre culturel et communautaire lesbien aménagé dans un ancien édifice de la commission scolaire sur le Plateau-Mont-Royal. La description qu'en fait Johanne donne à rêver: un quartier général où ses camarades et elle passaient le plus clair de leur temps à tenir des réunions et à socialiser. De 1984 à 1993, l'école Gilford héberge un nombre incalculable d'événements, une école d'arts martiaux, une chorale, les archives lesbiennes *Traces*. Dans ce lieu «hors du monde», ou plutôt de reconstruction du monde, des femmes repensent leur vie en dehors de l'impératif de la conjugalité.

Aujourd'hui, Johanne continue, avec d'autres, à garder vivante la mémoire de leurs luttes. Depuis quelques années, elle codirige les Éditions sans fin, dont elle est cofondatrice, qui ont pour mission de diffuser des voix lesbiennes offrant des points de vue décentrés sur le monde. Elle me confie qu'elle se considère privilégiée de continuer à consacrer tout son temps et une partie de ses économies aux luttes politiques. Il y a quelques années, après qu'elle a vendu son logement, un conseiller financier lui a vivement suggéré de bien mettre les profits de côté «pour son futur». Cette recommandation lui est apparue comme un non-sens. «Investir son argent dans une maison d'édition engagée, c'est pas un placement pour le futur, ça?» Cette remarque est lancée à la blague, mais l'ironie qu'elle soulève est signifiante. La conception de l'avenir qui habite des gens comme Johanne échappe assurément à la logique des institutions bancaires. La précarité contre laquelle elle se bat est collective, non individuelle ; elle protège les paroles à contre-courant, pour qu'on entende leur écho dans l'avenir.

*

Le mouvement des lesbiennes radicales a fait l'objet de nombreuses critiques depuis son âge d'or. On leur a reproché, notamment, leur vision essentialisante de la féminité et les tendances transphobes de leur discours, qui ne tenait compte que de la réalité des femmes cisgenres. Il faut toutefois leur accorder le mérite d'avoir pensé, et d'avoir fait advenir, des modes de vie qui remettent en doute la structure hétéronormative. Ce travail de refus collectif caractérise également les mouvements queers contemporains, qui, sans s'inscrire dans l'héritage théorique des lesbiennes radicales, cherchent dans leurs pratiques militantes à créer des espaces indépendants.

Pour échanger autour de ces enjeux, je retrouve MP Boisvert dans les bureaux du Conseil québécois LGBT, dont elle est la directrice depuis plus de cinq ans. Quand je la questionne sur son parcours, elle m'explique qu'elle a, comme beaucoup de militant·es de notre âge, commencé à s'impliquer politiquement pendant le mouvement étudiant de 2012. Une fois la grève terminée, elle a pris conscience du fait que les revendications féministes et LGBTQ+ – notamment pour les droits des personnes trans sur les campus – étaient généralement reléguées au second plan par rapport à des luttes prétendument moins spécifiques, qui concerneraient « tout le monde ».

Convaincue que le bien-être collectif ne devrait pas être défini selon l'« intérêt du plus grand nombre », et qu'il doit plutôt se construire à partir d'un souci pour les réalités des personnes plus marginalisées, elle a commencé à s'intéresser à la culture queer. Né dans les années 1990, le mouvement queer se définit, sur le plan théorique, par une déconstruction de la division binaire des genres. Sur le plan des pratiques, on associe aussi le queer à une culture festive et *sex positive*. Même si les événements queers mettent de l'avant le plaisir, l'amitié et la célébration, ils sont loin d'être apolitiques. Leur militantisme repose sur la création d'espaces – des fêtes, des collectifs de travail ou de lutte, des cercles de discussion, etc. – sécuritaires pour les personnes qui dérogent aux conventions par leurs choix relationnels, ou par leur apparence qui ne correspond pas aux normes de genre et de beauté. Parce qu'on y privilégie la diversité, parce qu'on y favorise le *care* et le partage des émotions, parce qu'on y porte attention aux différentes oppressions (capacitisme, racisme, grossophobie, etc.) qui informent les rapports sociaux, ces lieux queers invitent à déconstruire les comportements communément admis dans un monde capitaliste et patriarcal.

Dans cette optique, MP me confie qu'elle rêve de fonder un lieu de retraite à l'extérieur de la ville qui serait réservé aux personnes queers. Un *safe space* où, pendant quelques jours de vacances, il serait possible de s'habiller, de se coiffer, de s'exprimer comme on le souhaite sans être questionné·e sur son genre, où tout le monde pourrait choisir sans justification les pronoms par lesquels être désigné, et où ce choix serait respecté avec attention. Inspirée par les différents projets d'habitation collectifs à mission politique qui existent déjà, en ville comme en campagne, elle imagine un lieu où les sexualités « non conformes » ne seraient plus des tabous qu'on doit réserver à la chambre à coucher, mais l'objet de réflexions fécondes. Même si ces séjours ne seraient pas permanents, les moments de pause qu'ils offrent seraient l'occasion de construire des solidarités, et de se redonner la force nécessaire pour retourner dans le monde.

MP s'étonne d'entendre régulièrement des gens critiquer de telles initiatives, conçues pour offrir un refuge à des gens vulnérables, en les associant à du sectarisme. « Beaucoup ont encore de la difficulté à reconnaître que le monde, dans son état actuel, n'est pas *fait* pour les queers. On ne conteste pas le fait que les personnes qui correspondent à certaines normes sociales, sexuelles, culturelles se sentent légitimes d'évoluer dans l'espace public – ça va de soi. On ne remettra jamais en doute, par exemple, le fait que les personnes cisgenres, blanches, hétérosexuelles puissent circuler dans la rue ou entrer dans tous les commerces qu'elles veulent sans trop se questionner sur ce que leur apparence révèle sur leur identité, sans craindre les regards insistants et les insultes. Mais à l'inverse, on admet mal que ces mêmes espaces puissent être hostiles pour d'autres, qui ressentent le besoin de prendre un répit de temps en temps. » Au fond, ces lieux de repos viennent révéler, par contraste, les travers d'une société où les violences sont minimisées au rang de banalités, et ne choquent même plus tellement elles sont devenues ordinaires.

À l'automne 2017, MP faisait paraître un roman intitulé *Au 5e*, dans lequel elle explore, justement, cette question des espaces alternatifs. Ce récit relate quelques mois dans la vie quotidienne de cinq colocataires – des personnes trans et cisgenres, des bisexuel·les et des lesbiennes – qui partagent bien plus que quelques pièces communes. Dès les premiers chapitres, on saisit la pluralité des relations sexuelles, amoureuses, amicales qui se tissent, tantôt de manière ponctuelle ou spontanée, tantôt plus officiellement. Dans cette fiction polyamoureuse, on fait l'amour à deux, à trois, parfois on s'endort seul·e et parfois à plusieurs, on s'accompagne à cinq aux rencontres familiales, par solidarité, pour défier ensemble les airs perplexes des mononcles. On prépare le souper à tour de rôle, on prend soin collectivement des chats, on se fait des câlins lorsqu'on se croise dans le corridor. Cette forme de non-monogamie n'est pas qu'un exercice d'écriture pour MP, elle correspond à sa « vision queer » du ménage, qu'elle défend ouvertement dans sa propre vie. Elle précise que pour elle, le polyamour est moins un idéal auquel tout le monde devrait aspirer qu'une ouverture à partir de laquelle développer sa propre identité sans « appartenir » à qui que ce soit. « Je vois trop souvent des gens qui ne semblent pas bien dans leur situation de couple, qui endurent des rapports inégalitaires ou tout simplement des modes de vie qui ne leur conviennent pas avec l'idée, consciente ou non, qu'aucun autre modèle n'est possible. J'ai envie de leur dire qu'il existe mieux, infiniment mieux que ça, et que ce *mieux,* il faut se donner le droit de l'inventer et de l'exiger. »

★

En rencontrant successivement Johanne et MP, j'ai été frappée par leur grand optimisme. Je ne parle pas ici d'un optimisme naïf, qui consisterait à regarder le monde avec des lunettes roses, mais bien d'un sens critique qui ose en attendre davantage de l'avenir. Elles prônent « une révolution, pas un réaménagement des consignes marketing », pour reprendre les termes employés par Virginie Despentes. Il s'agit d'espérer plus du féminisme qu'une meilleure répartition des tâches ménagères ou du travail émotionnel, plus qu'une bonification des congés parentaux ou des politiques pour la parité à l'emploi. MP et Johanne ne se contentent pas de prôner l'*acceptation* des lesbiennes et des queers dans la société en place, elles suggèrent que cette dernière est à repenser en profondeur, et qu'il faut cesser d'en accepter passivement les règles. Les changements sociaux qu'elles défendent impliquent beaucoup de croyances à déconstruire, beaucoup de murs à abattre. Ils exigent de parcourir un chemin long et incertain, mais qui est parsemé de fêtes, de moments de douceur, d'émeutes joyeuses et flamboyantes. J'espère que nous l'emprunterons en grand nombre.

LES SOLITUDES
CHOISIES

Un jour de novembre, dans une tentative de lutter contre la déprime saisonnière, j'ai commencé à faire du microdosage de LSD après avoir lu plusieurs articles vantant les facultés thérapeutiques des drogues hallucinogènes. Deux fois par semaine, au déjeuner, je déposais sous ma langue une quantité minime et bien mesurée de la substance, et le ciel me paraissait plus lumineux que d'habitude. Pendant toute la journée, j'avais le rire, la créativité et la conversation plus faciles. Alors que je redoutais d'ordinaire les tête-à-tête avec moi-même, je saisissais toutes les occasions de sortir marcher seule le soir. Je me plaisais à déambuler dans mon quartier dont les gratte-ciels illuminés m'émerveillaient. J'observais les ombres miniatures passer sporadiquement devant les fenêtres, en réalisant que je vivais assez bien avec l'idée de n'être ni plus ni moins qu'une case supplémentaire dans cette mosaïque de solitudes.

Pendant le temps des Fêtes, j'ai proposé à une amie qui s'était montrée curieuse devant mes « expérimentations cognitives » de passer un après-midi de microdosage avec moi. Ayant toutes deux récemment mis un terme à des relations amoureuses de longue date, nous prenions soin d'éviter les soupers de famille trop populeux, déprimées à l'idée d'entendre nos cousin·es parler de leurs projets d'enfants ou de maison. Nous n'avions pas le moral pour décrire à une tante, entre deux bouchées de Boursin, nos emplois précaires dans le milieu culturel, en assurant que cette précarité était au fond pour le mieux, *vraiment* pour le mieux, que nous n'avions pas de plan de carrière, ni de plans à long terme de manière générale, d'ailleurs.

Quand nous avons commencé à sentir les effets de l'acide, nous sommes sorties marcher sur le bord de la voie ferrée qui cerne le quartier Rosemont. Le temps était particulièrement chaud pour cette période de l'année, et une bonne partie de la neige avait fondu. Nous avons parlé de nos désillusions face au couple. De la certitude que notre accomplissement individuel ne se réaliserait pas – du moins pour les prochaines années – en fondant une famille; du fait que nous n'aurions peut-être jamais d'enfants, que ce n'était pas grave, que c'était même idéal, en fait. De notre envie d'habiter seules, d'aménager un espace bien à nous où apprivoiser le temps libre. De nos revenus instables qui ne nous permettraient peut-être pas cette autonomie. De notre volonté d'écrire, de mener à terme des projets qui ne révolutionneraient pas l'histoire de la littérature, mais qui nous appartiendraient. Il y avait quelque chose de précieux dans ce moment de complicité où ce qui est perçu comme un échec aux yeux de certain·es devenait pour nous une source de fierté, une résistance partagée.

Nous avons profité d'une brèche dans la clôture délimitant le périmètre du chemin de fer pour dévier notre trajectoire, puis nous avons poursuivi notre route en sillonnant les ruelles du Plateau. Dans un élan philosophique, sans vraiment nous prendre au sérieux, nous nous sommes mises à disserter sur la fin du couple monogame et des emplois permanents, en nous demandant ce que feront les gens de notre génération sans ces grands récits que sont la famille et la carrière. Nous nous sommes rapidement interrompues pour rire de nos propos grandiloquents, conscientes du caractère exagéré de nos déclarations. Je sais bien que nos questionnements existentiels ne sont pas exceptionnels. Que nos hésitations sont aussi le revers de nos privilèges, à commencer par nos diplômes universitaires qui nous aident à envisager le futur à l'extérieur des balises traditionnelles. Nous sommes loin d'être les premières femmes à rechercher leur fameux «lieu à soi».

N'empêche, si nous en étions là, à fuir nos partys de famille, c'est sans doute parce qu'il y a quelque chose dans ce type d'aspiration qui pose encore problème.

Après quelques heures de déambulation, j'ai fini par reprendre le métro jusque chez moi, à l'autre bout de la ville. Ma coloc étant partie en visite dans sa famille pour le temps des Fêtes, j'ai retrouvé mon appartement désert, plongé dans le noir. J'ai erré plusieurs minutes dans les pièces en gardant mon manteau, pas parce que j'avais froid, mais parce que le poids du vêtement sur mon corps avait quelque chose de rassurant. Pendant au moins une heure, à plusieurs reprises, j'ai ajusté puis réajusté l'éclairage, puis j'ai fait brûler de l'encens pour masquer une odeur subtile, dont je ne parvenais pas à identifier la nature, mais qui m'était à ce moment précis désagréable. Alors que le calme qui régnait chez moi aurait dû me réjouir, le silence m'était inconfortable. J'ai d'abord mis cet inconfort sur le compte de mes perceptions altérées. Ce n'est que plus tard, en m'installant pour lire dans mon lit, que j'ai saisi la source de mon malaise. Même si cela m'avait fait du bien de partager mes réflexions sur le célibat avec une autre femme que j'aime, ces confidences m'avaient aussi laissée sur un sentiment de vide et de solitude.

*

L'essai *Pas facile. L'étonnante histoire féministe de la rupture amoureuse* (2020) de Kelli María Korducki retrace l'évolution légale et culturelle du mariage au cours des derniers siècles. Korducki explique comment, avec le temps, l'union matrimoniale, qui était d'abord considérée comme un contrat entre deux personnes ou deux familles, a fini par être associée à une quête d'épanouissement personnel. Bien que, dans la plupart des pays occidentaux, les gens ne considèrent plus nécessairement le mariage comme une étape cruciale, cet idéal de la vie à deux perdure. Korducki soulève le caractère paradoxal de cette posture pour les femmes : beaucoup continuent à voir dans l'amour d'un homme une réalisation de soi, même si ces relations ne les valorisent pas et exigent d'elles de nombreux sacrifices.

La parentalité semble, elle aussi, constituer un élément obligatoire dans la définition que l'on se fait de l'accomplissement des femmes.

Dans un texte intitulé « La mère de toutes les questions », qui donne son titre à un recueil d'essais brefs publié en 2017, l'intellectuelle Rebecca Solnit raconte qu'aujourd'hui encore, alors qu'elle a plus de cinquante ans, qu'elle a publié près d'une vingtaine d'ouvrages et obtenu un nombre considérable de prix, on l'interroge en entrevue sur sa non-maternité. Cette dynamique récurrente révèle, à son sens, la persistance de visions réductrices sur les femmes, mais aussi une conception étroite du bonheur comme « une longue et belle série de cases cochées – mari/femme, progéniture, propriété privée, expériences érotiques ». On associe encore une « vie heureuse » à un choix de réponses limité plutôt qu'à une réelle recherche de sens et d'expériences, avec ce que cela peut impliquer de tâtonnements. Elle décrit sa propre vie – dont elle s'affirme fière et satisfaite – comme une suite de choix réfléchis et d'aventures dont « les hommes – historiettes, flirts, relations à long terme – font partie [...] au même titre que les déserts lointains, les mers arctiques, les hauts sommets, les soulèvements et les désastres, l'exploration d'idées, d'archives, de documents et de vies ».

En l'espace de quelques mois, j'ai relu plusieurs fois ce texte de Solnit, et j'y reviens chaque fois que je sens le cafard monter en rentrant dans un appartement vide. Parce qu'elle parvient à cerner les biais subtils qui placent les femmes célibataires et sans enfant dans une situation inconfortable, en les forçant à inventer des réponses convaincantes pour justifier leurs choix de vie. On associe souvent le couple et la famille au fait d'être entouré·e et, à l'inverse, le célibat à la solitude. Pourtant je connais des femmes seules qui sont les personnes les *mieux* aimées que j'aie rencontrées, qui entretiennent activement une pluralité de liens d'intimité avec leur entourage. Des témoignages comme ceux de Solnit illustrent bien que de refuser le modèle familial classique peut ouvrir à des scénarios tout autant, sinon plus enviables. Pour moi, la fin de la vie de couple a été le début de nouvelles amitiés, qui occupent depuis une place significative dans ma vie. Je ne regrette pas les histoires d'amour que j'ai vécues, mais les soirées passées à écrire jusqu'aux petites heures du matin ou à me balader seule dans la ville sans destination précise – des moments que je me suis rarement autorisés lorsque mon quotidien était modulé par celui de quelqu'un·e d'autre – m'apparaissent tout aussi marquantes que celles passées à souper en tête-à-tête. S'il y a une solitude à laquelle sont confinées les femmes qui choisissent la non-maternité et le célibat, celle-ci ne prend pas nécessairement la forme d'un vide existentiel, au contraire. Au fond, leur isolement – s'il en est un – tient entre autres à cette difficulté, imposée par des vieilles normes, à se rendre légitime aux yeux des autres.

*

Lorsque j'essaie de réfléchir aux manières dont le fait de «vivre parmi d'autres» influence nos trajectoires, je reviens souvent aux travaux de Giorgio Agamben sur la notion de communauté, produits au début des années 1990. Dans *La communauté qui vient*, il développe le concept de «singularité quelconque» pour désigner des individus qui ne sont plus définis à travers leur correspondance à la norme, mais «engendrés par leur propre manière». Cet état nous permet, selon Agamben, de nous présenter «tels que nous sommes», dans toute notre potentialité singulière. En découle aussi une sorte d'incommunicabilité, une difficulté, voire une impossibilité de se présenter avec exactitude à soi-même et aux autres.

Cette idée de «quelconque» me revient en tête lorsque je pense à celles qui, autour de moi, ont décidé que le couple et la famille ne détermineraient pas leur trajectoire. Il n'y a sans doute rien de révolutionnaire dans le désir de vivre seule, mais j'ai l'impression que ce projet présente, surtout lorsqu'il est mené par des femmes, encore quelque chose d'insaisissable. Au sens où il n'y a pas de termes communément acceptés qui permettent d'en reconnaître d'emblée la force de dissension.

Je pourrais dresser une très longue liste des éléments qui nous encouragent implicitement à vivre à deux ou à fonder une famille. L'ensemble de notre système social, économique et culturel – l'architecture et le prix des logements, les formulaires gouvernementaux, le coût de la vie, le calcul du seuil de pauvreté, l'essentiel des productions cinématographiques et télévisuelles – est fondé sur ce modèle. Dans ce contexte, y souscrire est toujours plus optimal sur le plan logistique. Refuser cette structure ne peut, par contraste, qu'être un choix mûrement réfléchi, un pas vers sa propre subjectivité. Et cet affranchissement s'accompagne de sacrifices financiers et émotionnels, de déchirements, de doutes auxquels on trouve rarement des réponses simples.

*

Un peu après l'épisode de la balade sur le LSD, je suis allée au cinéma voir la nouvelle adaptation du classique de Louisa May Alcott *Little Women* par la réalisatrice Greta Gerwig. Dans une scène, la protagoniste Josephine March, qui préfère mener une carrière d'écrivaine plutôt que de se marier, confie à sa mère qu'elle aimerait que Laurie, un ami de la famille avec qui elle a entretenu un flirt quelques années auparavant, lui déclare son amour. Dubitative devant l'élan de romantisme de sa fille aînée, la mère lui demande : « Mais es-tu amoureuse de lui ? » Prise de court, Josephine éclate en sanglots : « Je n'en peux plus d'entendre dire que les femmes ne sont destinées qu'à l'amour. Je n'en peux plus, vraiment, mais je me sens si seule. » À la fin du film, elle choisit d'épouser un autre écrivain, et ce dénouement s'avère une conclusion heureuse, mais tout l'intérêt du personnage réside dans l'ambivalence qui s'exprime à travers cet accès de larmes. Ces quelques minutes de dialogue incarnent la complexité des dilemmes qui occupent bien souvent celles qui décident de vivre leur vie intime à contre-courant. Si on s'identifie le moindrement à l'indépendance de Josephine, on y reconnaîtra la vulnérabilité à laquelle on s'expose lorsqu'on évolue dans le monde en y empruntant un chemin qui n'est pas tracé d'avance. Il y a pour moi quelque chose de très évocateur dans cette tristesse qui survient au moment où nos convictions nous apparaissent à la fois comme une force qui nous tire vers l'avant et comme un fardeau à porter.

*

Pour conjurer ces états, il m'arrive de dresser – parfois mentalement, parfois sur papier – la liste des personnes que j'aime, et dont j'ai la certitude qu'elles m'aiment en retour. J'essaie de déterminer celles que je peux appeler en cas de panique après 23 heures, celles chez qui je peux m'inviter à dormir, celles que je reçois à souper les soirs de semaine, celles qui m'ont déjà vue pleurer, celles avec qui je peux envisager des projets de vacances, celles qui acceptent avec bienveillance de relire mes textes à la dernière minute. Je me dis que ces liens, si variable soit leur intensité, survivront sans doute à bien des déceptions amoureuses. J'ose croire que mes énumérations ne sont pas que le symptôme de ma fragilité psychologique, mais plutôt un sain réflexe de survie dans un monde où les liens sociaux valorisés sont limités au nid familial et au travail.

Il y a une différence importante entre solitude et isolement. Dans *All About Love*, bell hooks souligne cette distinction en postulant que l'isolement peut inciter à s'oublier en cultivant des relations étouffantes, tandis que la solitude permet d'aimer les autres sur la base de leur identité propre, indépendamment de ce qu'elles et ils nous apportent. L'isolement est un état foncièrement négatif, mais la solitude a plus à voir avec une sorte d'émancipation. « Apprivoiser la solitude est essentiel à une culture de l'amour », avance bell hooks. Ainsi, la solitude n'exclut pas les solidarités amicales ; elle les encourage, et ces dernières la rendent possible et habitable. C'est une posture à la fois précaire et résistante, qui aide à penser le monde, et donne à de nombreuses femmes l'impulsion nécessaire pour écrire.

ŒUVRES CITÉES
(PAR ORDRE DE MENTION)

bell hooks, *Apprendre à transgresser. L'éducation comme pratique de la liberté*, trad. Margaux Portron, Syllepse, 2019 [1994].

Kristen Hogan, *The Feminist Bookstore Movement. Lesbian Antiracism and Feminist Accountability*, Duke University Press, 2016.

Zack Furness, *One Less Car. Bicycling and the Politics of Automobility*, Temple University Press, 2010.

Collectif Les Dérailleuses, *Londonderry*, vol. 2, 2017.

Taking the Lane, depuis 2010. [série de zines collectifs]

Eleanor Davis, *You & a Bike & a Road*, Koyama Press, 2017.

Pattie O'Green, *Mettre la hache. Slam western sur l'inceste*, Remue-ménage, 2015.

Camille Tremblay-Fournier, « La grève étudiante pour les nulles. Qui paie le prix des résistances au capitalisme néolibéral ? », dans *Les femmes changent la lutte. Au cœur du printemps québécois*, Remue-ménage, 2013.

Sara Ahmed, *The Cultural Politics of Emotion*, Edinburgh University Press, 2004.

Chris Kraus, *I Love Dick*, Semiotext(e), 1997.

Liv Strömquist, *Les sentiments du Prince Charles*, Rackham, 2016.

Catherine Mavrikakis, « Faut-il beaucoup aimer les femmes ? », *Liberté*, n° 307, printemps 2015.

Collectif Hollaback !, *10 Hours of Walking in NYC as a Woman*, 2014.

Tony Bancroft et Barry Cook, *Mulan*, 1998.

Melissa Broder, *So Sad Today. Personal Essays*, Grand Central Publishing, 2016.

Daphné B, *Bluetiful*, L'Écrou, 2015.

Daphné B, *Delete*, L'Oie de Cravan, 2017.

Marie Darsigny, *Filles*, L'Écrou, 2017.

Marie Darsigny, *Trente*, Remue-ménage, 2018.

Nelly Arcan, *Putain*, Seuil, 2001.

Andrea Arnold, *American Honey*, 2016.

Virginie Despentes, *King Kong théorie*, Grasset, 2006.

Catherine Dorion, *Les luttes fécondes. Libérer le désir en amour et en politique*, Atelier 10, 2017.

Dossie Easton et Janet Hardy, *The Ethical Slut*, Greenery Press, 1997.

Nick Payne, *Wanderlust*, 2018.

Michel Foucault, «De l'amitié comme mode de vie», *Le Gai Pied*, n° 25, avril 1981.

Marta Kauffman et Howard J. Morris, *Grace & Frankie*, 2015 à 2020.

Roxane Gay, *Bad Feminist*, Harper Perennial, 2014.

Martine Delvaux, *Le boys club*, Remue-ménage, 2019.

Jad Abumrad, *Dolly Parton's America*, 2019.

Frédéric Martel, *Global Gay. Comment la révolution gay change le monde*, Flammarion, 2013.

Jack Halberstam, *The Queer Art of Failure*, Duke University Press, 2011.

Darcey Steinke, *Flash Count Diary. Menopause and the Vindication of Natural Life*, Sarah Crichton Books, 2019.

Beverley Skeggs, *Des femmes respectables. Classe et genre en milieu populaire*, trad. Marie-Pierre Pouly, Agone, 2015 [1997].

Louise Turcotte, «Itinéraire d'un courant politique. Le lesbianisme radical au Québec», dans *Sortir de l'ombre. Histoire des communautés lesbienne et gaie de Montréal*, VLB, 1998.

MP Boisvert, *Au 5ᵉ*, La Mèche, 2017.

Kelli María Korducki, *Pas facile. L'étonnante histoire féministe de la rupture amoureuse*, trad. Laurence Gough, Marchand de feuilles, 2020 [2018].

Rebecca Solnit, *La mère de toutes les questions*, trad. Paz de la Calzada, L'Olivier, 2019 [2017].

Giorgio Agamben, *La communauté qui vient. Théorie de la singularité quelconque*, Seuil, 1990.

Greta Gerwig, *Little Women*, 2019.

bell hooks, *All About Love. New Visions*, William Morrow, 1999.

REMERCIEMENTS

Mes premiers remerciements vont à Maryse Andraos, instigatrice et éditrice de ce projet de recueil, ainsi qu'à Rosalie Lavoie, qui m'a fait confiance en me proposant de tenir la chronique «Filles corsaires», et qui a édité les versions originales de la majorité des textes rassemblés ici. Leur rigueur intellectuelle et leur bienveillance m'ont permis d'approfondir mes réflexions tout en gardant confiance dans le potentiel de mes idées. Merci également pour leur amitié et leur solidarité.

Je remercie les équipes des Éditions du remue-ménage, de la revue *Liberté*, de la revue *Françoise Stéréo*, qui a publié les premières versions d'«Une impression de déjà-vu» et de «La bienveillance en extra», ainsi que de la revue *Nouveau Projet*, qui a fait paraître sur son blogue «Courir après». Je remercie aussi Marie-Andrée Bergeron, pour sa brillante postface et ses témoignages d'admiration ponctuels.

Merci à Gabrielle Anctil et Ravy Puth du collectif Les Dérailleuses, à sœur Mystrah des Sœurs de la Perpétuelle Indulgence, à Johanne Coulombe et à MP Boisvert, qui ont généreusement pris le temps de m'accorder des entrevues.

Toute ma reconnaissance à Laurence Côté-Fournier, pour l'édition de «La bienveillance en extra», pour ses relectures, mais surtout pour nos échanges stimulants et rieurs qui, depuis notre rencontre dans un petit local de recherche à l'UQAM, m'encouragent à écrire.

Merci à Jean-Philippe Boudreau et Delphine Naum, qui ont fait des premières lectures attentives de plusieurs parties de cet ouvrage, en plus de m'écouter et de me conseiller avec patience dans mes processus réflexifs.

Merci à Soline Asselin, Sandrine Bourget-Lapointe, Laurence L. Dumais et Sissi de la Côte pour les conversations fécondes.

Merci aux innombrables serveuses de *diner* qui m'ont servi des *refills* de café.

Enfin, merci à ma mère, France Levesque, ainsi qu'à mon père, Roberto Toffoli, fidèle abonné de *Liberté* et lecteur assidu de mes chroniques.

POSTFACE

APPRENDRE À CONNAÎTRE LISE

Marie-Andrée Bergeron

La première fois que j'ai entendu Camille Toffoli parler de féminisme, c'était en 2014, lors du colloque « Sexe, amour et pouvoir » organisé à l'UQAM. Un ami m'avait dit de bien l'écouter parce que j'apprécierais sûrement sa perspective critique, son acuité intellectuelle et son militantisme nuancé mais sans compromis sur le plan éthique. Plus tard, ce même camarade m'a aussi mentionné au détour d'une conversation : « Toffoli est, au Québec, l'une des voix les plus fortes du féminisme contemporain, selon moi. Penses-tu ? » Je pense que oui. Et le livre que vous tenez entre vos mains en est la preuve indéniable. En effet, lire Camille Toffoli, c'est voir la promesse d'un féminisme qui se questionne et se repositionne constamment, et dont la praxis permet de réels changements sociaux. C'est accueillir une pensée qui se développe en fonction d'une éthique de l'empathie et de la solidarité. Comme celles de ses contemporaines Alexa Conradi ou Valérie Lefebvre-Faucher, ou même de bell hooks et Sara Ahmed qu'elle cite, la pensée de Camille Toffoli en est une profondément intersectionnelle, qui se trouve à mille lieues du *buzzword* désormais galvaudé qu'est devenu ce concept pourtant si nécessaire. À travers l'exploration de sujets allant du cycloféminisme aux modes de vie queer en passant par l'indépendance sexuelle, Camille Toffoli présente des réflexions fondées sur l'observation empirique du sexisme, de la lutte des classes, de l'hétéronormativité, notamment; elle montre ainsi comment sont liées les formes d'oppression et, ce faisant, les voies de la libération. Son propos est informé et éveille la curiosité envers les œuvres qu'il explore, tout en faisant montre d'un grand souci pédagogique au sens le plus plein du terme. Toffoli se soucie de son lectorat et l'accompagne dans la compréhension des différentes approches théoriques qu'elle évoque.

Les textes qui sont rassemblés dans ce livre ont d'abord été publiés en revue, et principalement dans *Liberté*, où Camille Toffoli a tenu une chronique de 2017 à 2020. Il est important de le redire, car la pratique du féminisme en périodique a permis une diffusion plus large des revendications et analyses féministes. L'accueil au sein des revues d'idées les plus connues (entendre: « de gars ») a été plus laborieux. Dans *La Relève*, *Gants du ciel*, *Amérique française*, puis à partir des années 1950 dans les célèbres *Cité Libre*, *Liberté*, *Parti pris*, *Mainmise*... peu, très peu de femmes sont nommées dans les tables des matières ou dans la page des crédits. À travers les années, du *Coin du feu* (premier magazine féminin fondé en 1892) au collectif en ligne *Françoise Stéréo*, en passant par *Chic*, *La Revue moderne*, *Châtelaine*, *Québécoises deboutte!*, *Les Têtes de pioche*, *Des luttes et des rires de femmes* et *La Vie en rose*, le féminisme a toutefois été infusé dans plusieurs initiatives soit « féminines » ou alors explicitement militantes. Or, en travaillant à atteindre à la fois les initiées et le grand public, les féministes ont été particulièrement rusées: une plus grande diversité de lieux d'expression assure un plus large éventail de tons et de sujets, ce qui permet de couvrir le spectre des féminismes et des auditoires.

Aujourd'hui, les nombreuses revues culturelles qui paraissent chaque trimestre donnent l'impression sinon d'un regain, à tout le moins d'un renouveau, alors que les comités de rédaction font une plus grande place à la parole des femmes, lesquelles sont effectivement nombreuses à tenir des chroniques, publier des critiques ou des essais. Dans ce foisonnement, Camille Toffoli se démarque en collaborant autant aux revues intellectuelles, militantes, féministes, de gauche que littéraires : elle est accueillie, comprise et appréciée par le lectorat de chacune d'elles. Car si sa pensée est exigeante et son propos érudit, l'écriture de Toffoli n'est pas pour autant élitiste ; elle est au contraire profondément démocratique.

Cette idée m'est venue à l'esprit en lisant le texte qui porte sur son ex-belle-mère, Lise. Je me suis demandé ce que cette dernière penserait, justement, du texte de Camille. Le lirait-elle ? Et ce livre ? Ou peut-être a-t-elle déjà lu la chronique au moment de sa parution originale ? Et son féminisme tranquille, le reconnaîtrait-elle ? Pour ma part, en tout cas, j'ai vu en Lise ma mère coiffeuse, mes tantes ménagères, les mères de mes ami·es, femmes de chambre ou caissières. C'est notamment sur ces figures négligées ou déconsidérées à tort que se penche Camille Toffoli : sur les fans de Dolly Parton, celles qui pratiquent le *barrel racing* et les serveuses de *diner* ; celles que les pionnier·ères des *cultural studies* auraient voulu voir prendre leur place au sein d'un mouvement féministe qui les oublie. Je me demandais encore, au fil de ma lecture : entre les groupes de militantes et les milieux académiques que je fréquente – là où d'ailleurs j'ai rencontré Camille –, en quels lieux Lise et moi pourrons-nous nous rejoindre et entrer en contact, en solidarité ? J'ai trouvé ma réponse dans ces essais. Toffoli crée ce contexte propice à la rencontre et à l'écoute en nous poussant, doucement, à l'extérieur de notre zone de confort, en nous mettant au défi de penser mieux les questions d'inclusion et d'exclusion, et le capital social qui s'y rattache. Et de penser aussi différemment les phénomènes de distinction bourdieusiens et de transgression volontaire des normes du « bon goût », une pratique de privilégié·es que, sans la dénoncer, Toffoli critique néanmoins vertement pour la condescendance qu'elle implique.

Ainsi, c'est à travers les écrits de Camille Toffoli que Lise et moi arrivons à dialoguer, à nous connaître et, espérons-le, à nous comprendre un peu mieux. Les textes qui permettent ce partage sont rares, mais *Filles corsaires* en contient plus d'un. Même si Toffoli est consciente d'avoir un regard extérieur, voire parfois de ne pas faire partie de la *gang* qu'elle observe (des habitué·es de *diner* ou des réguliers de Saint-Tite), la distance critique nécessaire à l'écriture qu'elle établit ne comprend aucune ironie. Plutôt, on sent un attachement, voire une tendresse portée vers les sujets des essais; cette douceur, cette bienveillance, même, font du bien. Et ce refus de l'ironie permet le développement de formes d'amitié que l'on souhaiterait plus répandues, que l'on parle d'amitiés improbables ou d'«amitiés radicales».

*

Dans l'histoire intellectuelle du féminisme québécois, Camille Toffoli occupe désormais une place particulière: celle de l'activiste qui écrit et qui, pour ce faire, s'arrête et réfléchit aux termes et aux formes d'une révolution possible. À la fois consciente de son héritage et au fait des derniers développements en matière de théorie féministe, la position de Camille Toffoli crée la communauté féministe intergénérationnelle et hétérogène qu'elle désigne et dont elle travaille à comprendre les codes. Plus qu'une classique reformulation de la lutte à l'aune des enjeux contemporains, ce livre, autant son écriture que sa lecture, relève de l'action féministe, car nous nous y engageons à poser notre regard sur ce qui nous échappe et à prendre le temps de déceler la complexité de ce qui semble simple, banal. Et c'est peut-être là, finalement, c'est-à-dire dans ces angles morts du féminisme universitaire, que se trouve la clef de voûte de notre lutte pour une égalité qu'il faudrait apprendre à pratiquer entre nous toutes. Camille Toffoli nous incite à réfléchir à l'hétéronomie du mouvement auquel nous appartenons et pour cela, je la remercie.

TABLE DES MATIÈRES

Avant-propos : Écrire après les heures ouvrables	9
Bien en selle	15
Une impression de déjà-vu	21
Du désir pour Dick	29
De l'autre côté de la fenêtre	35
Des contingents de pleureuses	41
Courir après	47
Les amitiés radicales	55
Les p'tites madames et l'avenir du lien social	61
Les trajectoires spectaculaires	67
Avec les yeux du queer	73
L'été de la gorille	79
La bienveillance en extra	85
Lesbiennes radicales, *safe spaces* et pompons roses	91
Les solitudes choisies	99
Œuvres citées	107
Remerciements	109
Postface *Marie-Andrée Bergeron*	111

*Achevé d'imprimer en juillet 2023
sur les presses de l'imprimerie Gauvin à Gatineau (Québec)
pour le compte des Éditions du remue-ménage*